Excel 2024 基礎
セミナーテキスト

日経BP

はじめに

本書は、次の方を対象にしています。

■Microsoft Excel 2024を初めて使用される方。
■日本語入力の操作ができる方。

データや数式の入力などの基本的な操作から、表の編集、関数の利用、グラフの作成、データベース機能、印刷まで、Excel 2024を使用して表やグラフを作成する方法を学習します。本書に沿って学習すると、Excel 2024の基本的な操作ができるようになります。

制作環境
本書は以下の環境で制作・検証しました。

■Windows 11（日本語版）をセットアップした状態。
　※ほかのバージョンのWindowsでも、Office 2024が動作する環境であれば、ほぼ同じ操作で利用できます。
■Microsoft Office 2024（日本語デスクトップ版）をセットアップし、Microsoftアカウントでサインインした状態。マウスとキーボードを用いる環境（マウスモード）。
■画面の解像度を1366×768ピクセルに設定し、ウィンドウを全画面表示にした状態。
　※環境によって、リボン内のボタンが誌面と異なる形状で表示される場合があります。
■［アカウント］画面で［Officeの背景］を［背景なし］、［Officeテーマ］を［白］に設定した状態。
■プリンターをセットアップした状態。
　※ご使用のコンピューター、プリンター、セットアップなどの状態によって、画面の表示が本書と異なる場合があります。

おことわり

本書発行後（2025年3月以降）の機能やサービスの変更により、誌面の通りに表示されなかったり操作できなかったりすることがあります。その場合は適宜別の方法で操作してください。

表記

・メニュー、コマンド、ボタン、ダイアログボックスなどで画面に表示される文字は、角かっこ（[ ]）で囲んで表記しています。ボタン名の表記がないボタンは、マウスでポイントすると表示されるポップヒントで表記しています。

・入力する文字は「」で囲んで表記しています。

・本書のキー表記は、どの機種にも対応する一般的なキー表記を採用しています。2つのキーの間にプラス記号（＋）がある場合は、それらのキーを同時に押すことを示しています。

・マウス操作の説明には、次の用語を使用しています。

用語	意味
ポイント	マウスポインターを移動し、項目の上にポインターの先端を置くこと
クリック	マウスの左ボタンを1回押して離すこと
右クリック	マウスの右ボタンを1回押して離すこと
ダブルクリック	マウスの左ボタンを2回続けて、すばやく押して離すこと
ドラッグ	マウスの左ボタンを押したまま、マウスを動かすこと

操作手順や知っておいていただきたい事項などには、次のようなマークが付いています。

マーク	内容
操作	これから行う操作
Step 1	細かい操作手順
重要	操作を行う際などに知っておく必要がある重要な情報の解説
ヒント	本文で説明していない操作や、知っておいた方がいい補足的な情報の解説
用語	用語の解説

実習用データ

本書で学習する際に使用する実習用データを、以下の方法でダウンロードしてご利用ください。

■ダウンロード方法

①以下のサイトにアクセスします。

　https://nkbp.jp/050673

②「実習用データダウンロード/講習の手引きダウンロード」をクリックします。

③表示されたページにあるそれぞれのダウンロードのリンクをクリックして、ドキュメントフォルダーにダウンロードします。ファイルのダウンロードには日経IDおよび日経BOOKプラスへの登録が必要になります（いずれも登録は無料）。

④ダウンロードしたzip形式の圧縮ファイルを展開すると［Excel2024基礎］フォルダーが作成されます。

⑤［Excel2024基礎］フォルダーを［ドキュメント］フォルダーまたは講師から指示されたフォルダーなどに移動します。

ダウンロードしたファイルを開くときの注意事項

インターネット経由でダウンロードしたファイルを開く場合、「注意──インターネットから入手したファイルは、ウイルスに感染している可能性があります。編集する必要がなければ、ほぼビューのままにしておくことをお勧めします。」というメッセージバーが表示されることがあります。その場合は、［編集を有効にする］をクリックして操作を進めてください。

ダウンロードしたzipファイルを右クリックし、ショートカットメニューの［プロパティ］をクリックして、［全般］タブで［ブロックの解除］を行うと、上記のメッセージが表示されなくなります。

実習用データの内容

実習用データには、本書の実習で使用するデータと章ごとの完成例、復習問題や総合問題で使用するデータと完成例が収録されています。前の章の最後で保存したファイルを次の章で引き続き使う場合がありますが、前の章の学習を行わずに次の章の実習を始めるためのファイルも含まれています。

講習の手引きと問題の解答

本書を使った講習を実施される講師の方向けの「講習の手引き」と、復習問題と総合問題の解答をダウンロードすることができます。ダウンロード方法は、上記の「ダウンロード方法」を参照してください。

目次

第1章　Excelの基本操作　1

Excelの特徴	2
Excelの起動	5
ブックを開く	6
Excelの画面構成	9
画面の操作	12
リボンの利用	12
アクティブセルの移動	14
範囲選択	16
スクロールとズーム	20
ウィンドウ枠の固定と解除	23
Excelの終了	25

第2章　表の作成　29

表作成の流れ	30
新しいブックの作成とデータ入力	31
新規ブックの作成	32
データの入力	33
連続データの入力	38
データの修正	42
移動とコピー	46
ブックの保存	50

第3章　四則演算と関数　55

四則演算と関数について	56
四則演算	57
四則演算子を使った数式	58
数式のコピー	60
基本的な関数	62
合計の計算	63
[合計] ボタンのその他の関数	65

(6)

相対参照と絶対参照 —————————————————— 69

相対参照 —————————————————— 70

絶対参照 —————————————————— 72

第4章 表の編集 77

表の編集について ———————————————— 78

列の幅と行の高さの設定 —————————————— 79

行や列の挿入と削除 ———————————————— 84

書式の設定 ——————————————————— 88

罫線の設定 —————————————————— 88

セル内の文字の配置 ——————————————— 91

セルの結合 —————————————————— 93

セルの塗りつぶし ———————————————— 94

文字の書式設定 ————————————————— 97

表示形式の設定 ————————————————— 102

書式の自動設定 ————————————————— 105

ワークシートの操作 ———————————————— 109

シート名の変更 ————————————————— 109

ワークシートのコピーと移動 ———————————— 110

ワークシートの挿入と削除 ————————————— 112

第5章 グラフ 119

グラフの種類と用途 ———————————————— 120

グラフの作成 —————————————————— 122

棒グラフの作成 ————————————————— 122

円グラフの作成 ————————————————— 126

グラフの編集 —————————————————— 128

棒グラフの編集 ————————————————— 129

円グラフの編集 ————————————————— 133

グラフの種類の変更 ——————————————— 138

グラフの場所の変更 ——————————————— 142

(7)

第6章 データベース　147

データベースとは	148
テーブル機能	150
テーブルへの変換	150
テーブルスタイルの変更	152
データの並べ替え	154
集計行の追加	159
データの抽出（フィルター）	162
データの抽出	163
データの種類に応じた抽出	164

第7章 印刷　173

印刷の準備	174
印刷イメージの確認	175
ページレイアウトの設定	177
印刷の実行	181
よく使う印刷の機能	183
印刷タイトル	184
改ページプレビュー	186
改ページの挿入	187
ヘッダー/フッターの挿入	188

総合問題　195

問題 1	196
問題 2	197
問題 3	199
問題 4	200
問題 5	201
問題 6	204

索引　206

Excelの基本操作

- Excelの特徴
- Excelの起動
- ブックを開く
- Excelの画面構成
- 画面の操作
- Excelの終了

Excelの特徴

Excelは、表の作成や計算を行うための表計算ソフトです。グラフを作成してデータを視覚化したり、データベース機能を使用して情報を分析したりすることもできます。ここでは、Excel 2024の主な機能を紹介します（応用で学習する範囲も含まれています）。

■ 表の作成と計算
Excel 2024では、「ワークシート」と呼ばれる行と列で構成される表に、文字や数値などを入力して表を効率的に作成することができます。また、足し算、引き算、掛け算、割り算などの四則演算や、関数と呼ばれる便利な計算式を使って、さまざまな計算もできます。

■ グラフも簡単に作成
グラフにしたいデータを選択して［おすすめグラフ］ボタンをクリックすると、データに合わせてグラフの候補が自動的に表示されます。グラフの候補から目的に合うものを選択するだけで、データをわかりやすく見せるグラフを簡単に作成することができます。

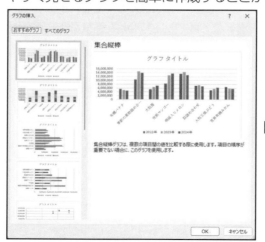
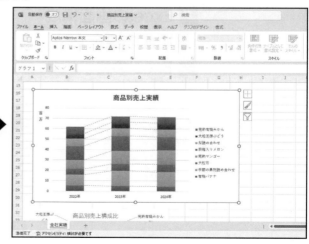

また、Excel 2024のじょうごグラフ、マップグラフを使うとよりわかりやすく数値を視覚化できます。じょうごグラフは値がだんだん減っていくような場合に使うと効果的です。マップグラフを使うと、数値を地図上に色分けし、色の濃淡で表示することができます。国/地域、市町村、郵便番号など、データ内に地理的要素がある場合に使用します。

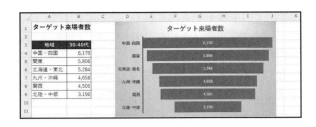
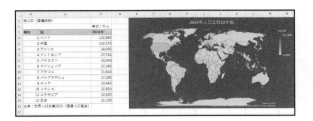

■ 柔軟なデータの管理

Excel 2024では、住所録や売上明細などのデータを管理することができます。データを蓄積するだけでなく、データの特徴を把握したり、データを整理して分析しやすくするためにデータを並べ替えたり、必要なデータだけを取り出したりすることもできます。

■ OneDrive

Excel 2024では、OneDriveを使ってWeb上（クラウド）にブックを簡単に保存することができます。また、Web上で編集もできるので、どこにいても最新版のブックで作業することができます。

■ [クイック分析] ボタン

Excel 2024では、分析したいデータを選択すると [クイック分析] ボタンが表示されます。
[クイック分析] ボタンをクリックすると、データを強調表示する条件付き書式や、グラフ作成、集計などをより簡単に行うことができます。

■ **大量のデータを簡単に分析**

Excel 2024の[おすすめピボットテーブル]ボタンを使うと、データに合わせたお薦めのピボットテーブルが複数表示されます。候補の中から用途に合ったものを選択するだけで、大量のデータを瞬時に集計して、ピボットテーブルを作成することができます。ピボットテーブルやピボットグラフで「スライサー」を使うと、集計対象がボタンとして表示され、ボタンを押すことで集計対象を切り替えることができます。また、「タイムライン」を使うと、日付のデータを月単位で分析することや、特定の期間だけを表示することが簡単にできます。

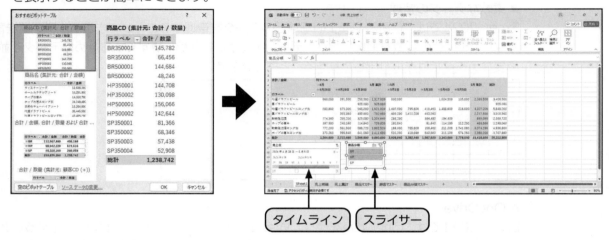

Excelの起動

Excelの起動の手順を学習します。Excelをはじめ、さまざまなアプリケーションを使用するときに必要になる操作です。しっかり覚えましょう。

操作 Excelを起動する

Step 1 [スタート]ボタンから[Excel]をクリックします。

❶[スタート]ボタンをクリックします。

❷[Excel]をクリックします。

💡 **ヒント**
[Excel]が表示されない場合
[スタート]ボタンの一覧に[Excel]が表示されていない場合は、[すべてのアプリ]をクリックして一覧から[Excel]をクリックします。また、[Excel]を右クリックして[スタートメニューにピン留めする]をクリックすると、[スタート]ボタンの一覧に[Excel]が表示されるようになります。

Step 2 Excelが起動します。

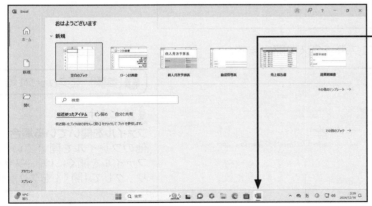

タスクバーにExcelのアイコンが表示されます。アイコンを右クリックして[タスクバーにピン止めする]をクリックすると、タスクバーのアイコンからExcelを起動できるようになります。

💡 **ヒント**
サインイン
本書では、あらかじめMicrosoftアカウントでOfficeにサインインした状態の画面で操作を進めていきます。サインインしていない場合は、右上の部分をクリックしてサインインします。

💡 **ヒント** **Microsoftアカウント**
MicrosoftアカウントでOfficeにサインインすると、インターネット上のOneDriveにファイルを保存して、他のパソコンのExcelやWebブラウザーから閲覧したり編集したりすることができます。また、他のパソコンのOfficeで同じ背景の設定や最近使ったファイルの一覧(OneDriveのファイル)を利用できます。

第1章 Excelの基本操作 | 5

ブックを開く

すでに保存されているブック(Excelのファイル)を編集するには、Excelウィンドウに対象のブックを開いて操作します。

操作 ファイルを開く

[Excel2024基礎] フォルダーに保存されているファイル「売上実績」を開きましょう。

Step 1 [開く] 画面を表示します。

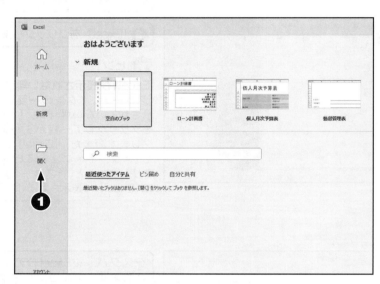

❶ [開く] をクリックします。

ヒント
最近使ったファイル
以前にファイルを開いたことがある場合は [最近使ったアイテム] の一覧にファイル名が表示され、クリックして開くことができます。

Step 2 [ファイルを開く] ダイアログボックスを開きます。

❶ [参照] をクリックします。

ヒント
ファイルを開いている場合
他のファイルを開いている状態から別のファイルを開くには、[ファイル] タブをクリックして [開く] をクリックします。

Step 3 開くファイルが保存されているフォルダーを指定します。

❶[ドキュメント]をクリックします。

❷[Excel2024基礎]をクリックします。

❸[開く]をクリックします。

💡 **ヒント**
表示方法の変更
本書では表示方法として[詳細]が選択された状態の画面になっています。ツールバーの右側にある≡▼の▼[その他のオプション]ボタンをクリックすると表示方法を選択できます。

Step 4 開くファイルを指定します。

❶[ファイルの場所]ボックスに[Excel2024基礎]と表示されていることを確認します。

❷[売上実績]をクリックします。

❸[開く]をクリックします。

Step 5 ファイル「売上実績」が開きます。

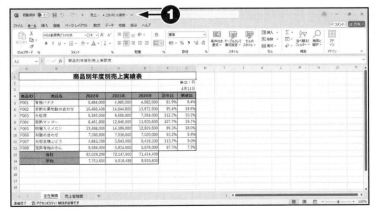

❶タイトルバーにファイル名が表示されていることを確認します。

❗ **重 要**
ファイルを開く際の表示
ファイルを開くときに「保護ビュー 注意－インターネットから入手したファイルは、ウイルスに感染している可能性があります。編集する必要がなければ、保護ビューのままにしておくことをお勧めします。」というメッセージバーが表示されることがあります。その場合は、[編集を有効にする]をクリックして操作を進めてください。

第 1 章 Excelの基本操作 7

💡 **ヒント**　**最近使ったブックを開くには**

最近使ったブックを開くには、[ファイル] タブの [ホーム] をクリックし、[最近使ったアイテム] に表示されるファイル名をクリックします。表示されるブックの数は [ファイル] タブの [その他…] をクリックして、[オプション] をクリックすると表示される [Excelのオプション] ダイアログボックスの [詳細設定] にある [最近使ったブックの一覧に表示するブックの数] ボックスで設定できます。

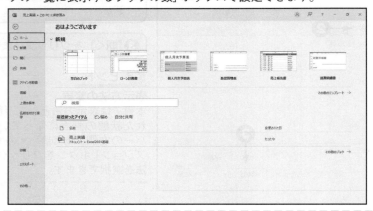

💡 **ヒント**　**Excelが起動していない状態からファイルを開く**

Excelが起動していない状態でも、ファイルを指定して開くことができます。デスクトップ上のブックのアイコンや、エクスプローラーで開いたフォルダーにあるブックを、ダブルクリックするか右クリックして表示されるショートカットメニューの [開く] をクリックすると、Excelが起動してブックが開きます。

❶Excelブックのファイルをダブルクリックします。

❷またはファイルを右クリックし [開く] をクリックします。

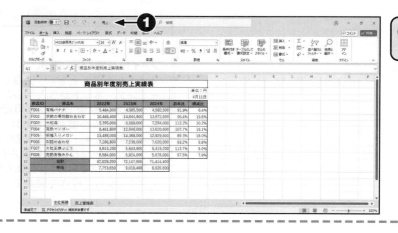

❶Excelが起動し、同時にブックも開きます。

Excelの画面構成

Excel 2024の構成要素と画面の構成要素について紹介します。どれもExcelを操作する際に繰り返し使用される用語です。わからなくなった場合はこのページに戻り、確認しましょう。

構成要素	説明
ブック	Excelではファイルのことを「ブック」といいます。複数のワークシートは、「ブック」という1つのファイルにまとめて管理します。特に指定しない限り、1つのブックには1枚のワークシートがあります。ワークシートは、必要に応じて追加、削除、移動することができます。
ワークシート	Excelを起動すると、小さなマス目で区切られているシートが表示されます。このシートを「ワークシート」といいます。マス目（セル）の横方向の並びを「行」、縦方向の並びを「列」といいます。ワークシート1枚の大きさは、1,048,576行×16,384列です。現在作業中のワークシートを「アクティブシート」といいます。アクティブシートは、シート見出しが白い色で緑色の下線が付いて表示されます。
セル	ワークシートのマス目1つ1つを「セル」といいます。Excelでは、セルに文字や数値などを入力して表を作成します。1つのセルに入力できる文字数は、32,767文字です。入力や編集を行う対象として選択されているセルを、「アクティブセル」といいます。アクティブセルは、緑色の太い枠線で囲まれて表示されます。

用語 **アクティブ**
アクティブとは、「現在選択されている」または「使用できる状態である」ことをいいます。

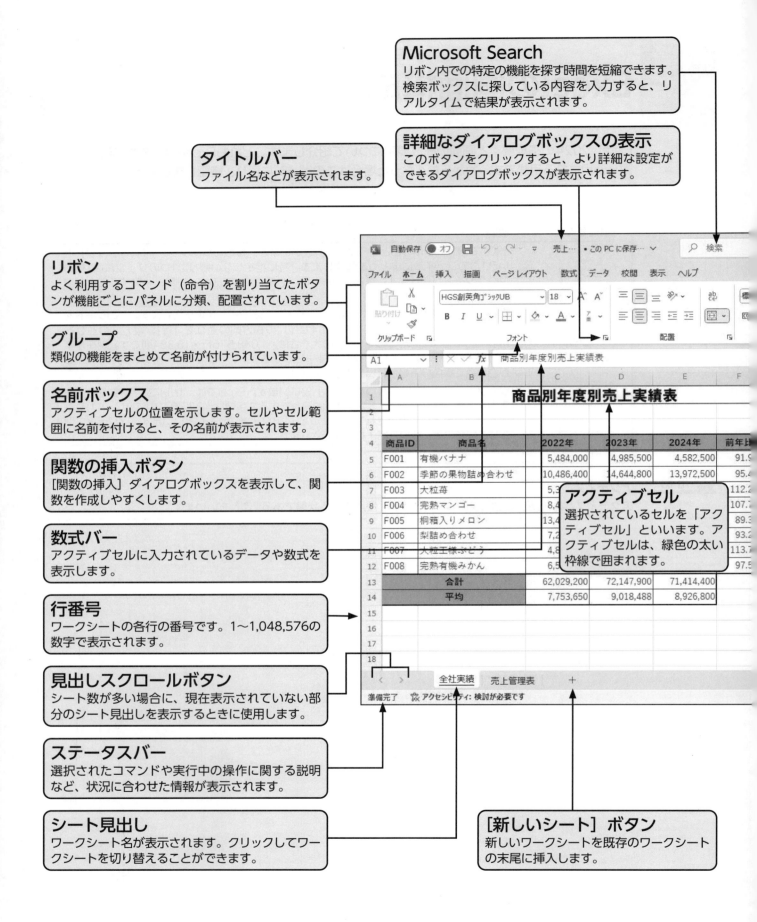

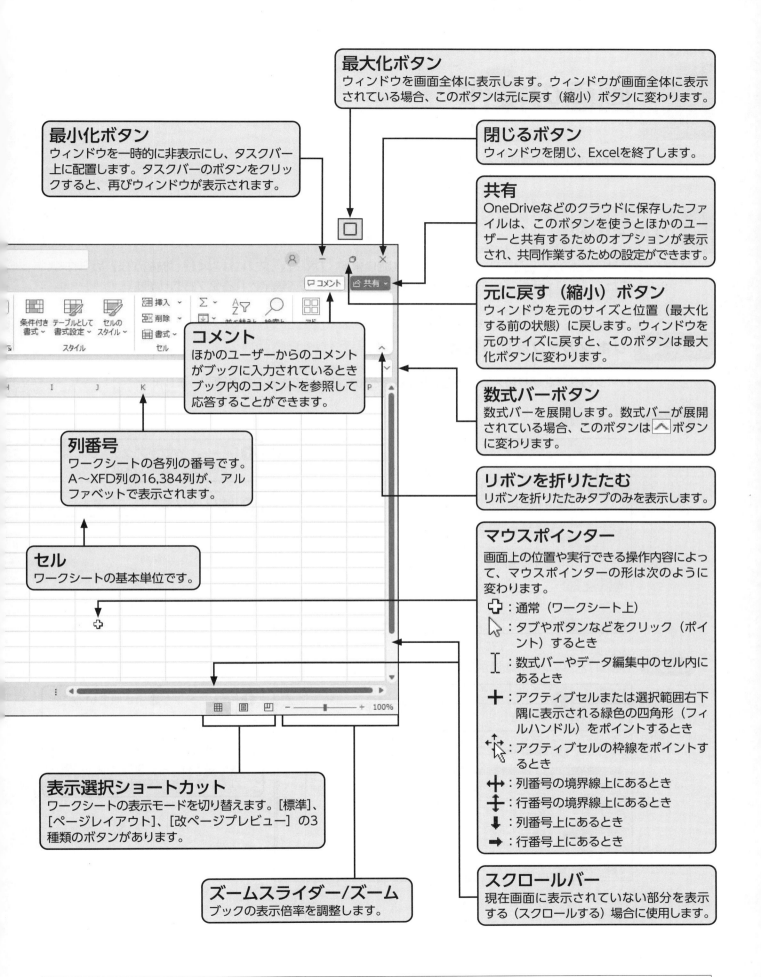

画面の操作

Excelの基本的な画面の操作について学習しましょう。

リボンの利用

リボンにはExcelの機能がタブに分類されて並んでいます。[ホーム] タブにはよく使う機能がまとめられています。また、グラフやテーブルを編集するときなど、状況に応じて表示されるタブもあります。

操作 リボンのタブを切り替える

リボンのタブを切り替えて表示し、Excelでどんなことができるのかを確認しましょう。

Step 1 タブを切り替えます。

❶ [ホーム] タブがアクティブになっていることを確認します。

❷ [挿入] タブをクリックします。

Step 2 [挿入] タブのリボンが表示されます。

❶ [挿入] タブが表示されていることを確認します。

❷ 図やグラフの挿入など、Excelの挿入に関するさまざまな機能が用意されていることを確認します。

Step 3 同様に、その他のタブに切り替えてExcelの機能を確認します。

Step 4 [ホーム] タブをクリックして、リボンの表示を元に戻します。

ヒント　リボンのカスタマイズ

Excel 2024では、リボンをカスタマイズすることができます。リボンのカスタマイズは [ファイル] タブの [その他] をクリックして [オプション] をクリックし、[Excelのオプション] ダイアログボックスを開いて、次の手順で行います。

1. [リボンのユーザー設定] をクリックします。
2. [コマンドの選択] ボックスでコマンドの種類、[リボンのユーザー設定] ボックスで追加するリボンの種類を切り替えます。
3. 左側のリストボックスで追加したいコマンド、右側のリストボックスで追加する場所を選択し、[追加] をクリックして追加します。

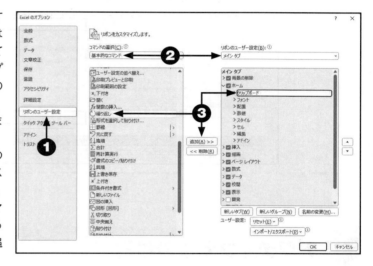

[新しいタブ] ボタンをクリックすると、ユーザー独自のリボンを作成することができます。[新しいグループ] ボタンをクリックしてユーザー独自のグループを作成し、自分のよく使うコマンドを追加することもできます。

ヒント　クイックアクセスツールバー

クイックアクセスツールバーを使うと、よく利用するボタンを配置しておくことができます。クイックアクセスツールバーに配置したいボタンを表示するには [クイックアクセスツールバーのユーザー設定] ボタンをクリックし、配置したいボタンを一覧からクリックします。

既定では、クイックアクセスツールバーはタイトルバーの左端に表示されています。[クイックアクセスツールバーのユーザー設定] ボタンをクリックし、[リボンの下に表示] をクリックすると、クイックアクセスツールバーをリボンの下に表示できます。既定の位置に戻すには、[クイックアクセスツールバーのユーザー設定] ボタンをクリックし、[リボンの上に表示] をクリックします。

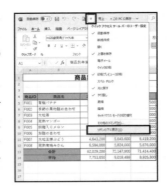

💡ヒント　ヘルプの使い方

操作方法などがわからない場合は、ヘルプ機能を利用して調べます。タイトルバーにある [検索] をクリックして、キーワードなどを入力します。["(検索キーワード)"に関するその他の検索結果] をクリックすると、インターネットに接続している環境では関連するヘルプを検索して表示されます。

アクティブセルの移動

セルにデータを入力したり編集したりするときは、まず目的のセルをアクティブにします。

操作☞ クリックでアクティブセルを移動する

2022年の有機バナナのデータのセルにアクティブセルを移動しましょう。

Step 1 クリックでアクティブセルを移動します。

❶有機バナナの2022年の売上実績のセルをポイントします。

❷マウスポインターの形が✚になっていることを確認します。

❸ポイントした位置をクリックします。

14　画面の操作

Step 2 アクティブセルが移動します。

❶ 有機バナナの2022年の売上実績のセルが緑色の太い枠で囲まれたことを確認します。

❷ 名前ボックスに「C5」と表示されていることを確認します。

❸ 数式バーに「5484000」と表示されていることを確認します。

💡 **ヒント**
セルの位置の表し方
ここで名前ボックスに表示される「C5」は、「C列の5行目」を表しています。

操作 👉 方向キーでアクティブセルを移動する

Step 1 方向キーでアクティブセルを移動します。

❶ 有機バナナの2022年の売上実績のセルがアクティブセルになっていることを確認します。

❷ 右矢印(→)キーを1回押します。

Step 2 アクティブセルが移動します。

❶ 有機バナナの2023年の売上実績のセルが緑色の太い枠で囲まれたことを確認します。

❷ 名前ボックスに「D5」と表示されていることを確認します。

❸ 数式バーに「4985500」と表示されていることを確認します。

💡 **ヒント** **キーボードでのアクティブセルの移動**
方向キーのほかにもキーボードでアクティブセルを移動することができます。

キー	セルの移動方向
方向キー(↑↓←→)	セルを1つ分、上下左右に移動します。
Enterキー	セルを1つ分、下に移動します（既定）。
Tabキー	セルを1つ分、右に移動します。

第 1 章　Excelの基本操作　**15**

重要　アクティブシートの切り替え

複数のシートを切り替えながら作業するにはアクティブシートを切り替えます。シート見出しをポイントしてマウスポインターの形が ▷ になっていることを確認し、クリックしてアクティブシートを切り替えます。

また、**Ctrl**キーを押したまま**PageDown**キーを押すか、**Ctrl**キーを押したまま**PageUp**キーを押してもアクティブシートの切り替えができます。

範囲選択

複数のセルを選択することを「範囲選択」といいます。複数のセルに同じ書式を設定したり、グラフを作成したりする場合には、あらかじめセル範囲を選択しておく必要があります。

重要　マウスポインターの形と用途

セルを選択するときには、マウスポインターの形に注意します。

用途	マウスポインターの形
セルを選択するとき	✛
データを移動またはコピーするとき	✥
オートフィル機能を利用するとき	＋

ヒント　セルの位置の表し方

ワークシート内のセルの位置は、「何列目の何行目」という番号で表すことができます。たとえば、ワークシートの一番左の列の上から2番目のセルは「A列の2行目」にあたるので、「A2」と表します。このように、列番号と行番号でセルの位置を表したものを「セル番地」といいます。「C列の4行目からE列の12行目まで」のようなセルの範囲は、「C4:E12」と表します。

操作 連続したセルを選択する

見出しのセル範囲（A4～G4）を選択する操作を行いましょう。

Step 1 選択したい範囲の左上隅のセルをポイントします。

❶ セルA4をポイントします。

❷ マウスポインターの形が✚になっていることを確認します。

Step 2 範囲を選択します。

❶ セルA4～G4をドラッグします。

❷ 選択した範囲のセルと、選択した範囲の行番号と列番号の色が変わります。

💡 **ヒント**
選択の解除
選択を解除するには、ワークシートの任意のセルをクリックします。

Step 3 任意のセルをクリックして選択を解除します。

💡 **ヒント** **クイック分析**
複数のセルを範囲選択すると、[クイック分析]ボタンが表示されます。[クイック分析]ボタンを使用すると、グラフや条件付き書式の設定を簡単に行うことができます。

💡 **ヒント** **キー操作でセルを選択するには**
キー操作でセルを選択するには、選択したい範囲の始点となる左上のセルをアクティブセルにし、**Shift**キー＋方向キーを押して選択するセルの範囲を指定します。

操作 広範囲の連続したセルを選択する

シート「売上管理表」に切り替え、データのセル範囲を選択する操作を行いましょう。

Step 1 シート「売上管理表」のシート見出しをクリックして、アクティブシートにします。

Step 2 4月1日から4月6日のデータを選択します。

① セルA4をクリックします。

② **Shift**キーを押しながらセルK16をクリックします。

③ 選択した範囲のセル、行番号、列番号の色が変わります。

Step 3 任意のセルをクリックして選択を解除します。

操作 👉 離れた範囲のセルを選択する

シート「全社実績」に切り替え、商品名と2024年の売上のセル範囲を選択する操作を行いましょう。

Step 1 シート「全社実績」に切り替えます。

Step 2 範囲を選択します。

① セルB4～B12をドラッグします。

② **Ctrl**キーを押したままセルE4～E12をドラッグします。

③ 選択した範囲のセル、行番号、列番号の色が変わります。

Step 3 任意のセルをクリックして選択を解除します。

操作 👉 1つの列を選択する

Step 1 選択したい列の列番号をポイントします。

① 列番号Aをポイントします。

② マウスポインターの形が⬇になっていることを確認します。

Step 2 列を選択します。

❶列番号Aをクリックします。

❷A列全体が選択され、色が変わります。

💡 **ヒント**
1つの行の選択
1つの行を選択するには、列の場合と同じように行番号をポイントし、マウスポインターの形が➡の状態で、行番号をクリックします。

Step 3 任意のセルをクリックして選択を解除します。

操作 👉 複数の列を選択する

Step 1 選択したい列範囲の最初の列番号をポイントします。

❶列番号Cをポイントします。

❷マウスポインターの形が⬇になっていることを確認します。

Step 2 列範囲を選択します。

❶列番号Eまでドラッグします。

❷C～E列全体が選択され、色が変わります。

💡 **ヒント**
複数の行の選択
複数の行を選択するには、列の場合と同じように行番号をドラッグします。

Step 3 任意のセルをクリックして選択を解除します。

ヒント　選択範囲の一部解除

Excel 2024では、範囲選択した一部を後から解除することができます。範囲選択されているセル範囲で、**Ctrl**キーを押したまま選択を解除したい範囲をドラッグすると、その部分の選択を後から解除することができます。

スクロールとズーム

1画面に収まらない大きな表を扱う場合、スクロールして画面の表示位置を変更したり、ズームで画面の表示倍率を変更したりするなどして作業しやすいように画面を操作できます。

用語　スクロール

画面内で別の部分を表示することを「スクロールする」といいます。

操作　画面の表示位置を変更する

シート「売上管理表」に切り替え、画面を下までスクロールする操作を行いましょう。

Step 1 シート「売上管理表」に切り替えます。

Step 2 3行スクロールします。

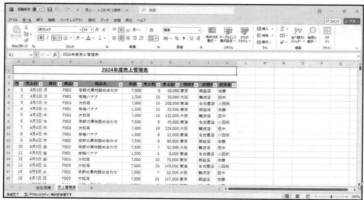

❶スクロールバーの▼をポイントします。

❷マウスポインターの形が になっていることを確認します。

❸3回クリックします。

Step 3 画面の表示位置を確認し、下までスクロールします。

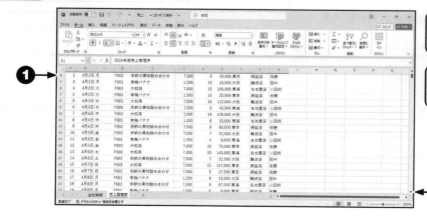

❶3行スクロールし、表の見出しが表示されなくなったことを確認します。

❷最終行が表示されるまでスクロールバーの▼を押し続けます。

Step 4 最終行が表示されます。

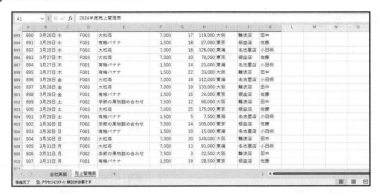

Step 5 **Ctrl**キーを押したまま**Home**キーを押して、表の先頭を表示します。

💡 **ヒント** **先頭のセル（セルA1）に戻るには**
Ctrl＋**Home**キーを押します。

💡 **ヒント** **スクロールバーとスクロールボックス**
スクロールするには、ウィンドウの右側または下側に表示される「スクロールバー」を使います。

■**スクロールバー**

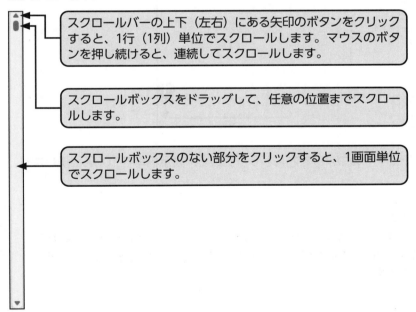

■**スクロールボックスの大きさと位置**
スクロールボックスの大きさは、現在ウィンドウに表示されている内容の割合に比例して変化します。スクロールボックスの位置は、現在のウィンドウに表示されている部分と、データ入力済みのワークシートの範囲との相対的な位置を示しています。

第 1 章　Excelの基本操作

操作 画面の表示倍率を変更する

一度にデータを確認できる行数と列数を増やすために、画面の表示倍率を変更しましょう。

Step 1 表示倍率を変更します。

❶ ズームスライダーのつまみをポイントします。

❷「50%」と表示されるまで左にドラッグします。

Step 2 画面が縮小表示されます。

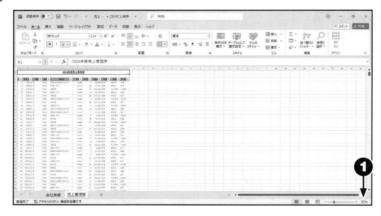

❶「50%」と表示されていることを確認します。

Step 3 同様に、ズームスライダーのつまみを右にドラッグして、表示倍率を100%に戻します。

ヒント　任意の倍率に設定するには

ズームスライダーの右隣にある数字をクリックすると、[ズーム]ダイアログボックスが開きます。[指定]ボックスに10〜400%の範囲で直接数値を入力して[OK]をクリックすると、任意の倍率に変更できます。

ヒント　マウスのホイールによるズーム

Ctrlキーを押したままマウスのホイールを回すと、15%単位で画面の表示倍率を変更することができます。マウスのホイールを手前に回すと画面が縮小し、奥に回すと画面が拡大します。

ウィンドウ枠の固定と解除

1画面に収まらない表をスクロールすると、列見出しも一緒にスクロールして見えなくなってしまいます。列見出しが常に表示されるようにウィンドウ枠を固定すると便利です。

操作 ウィンドウ枠を固定する

列見出しが常に表示されるように、ウィンドウ枠を固定し、スクロールして動作を確認しましょう。

Step 1 スクロールしても1行目～3行目が常に表示されるように、ウィンドウ枠を固定します。

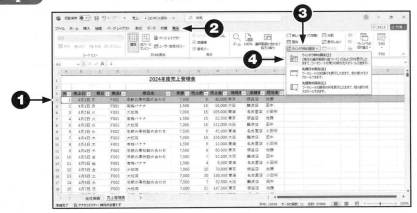

❶ 4行目を行単位で選択します。
❷ [表示] タブをクリックします。
❸ [ウィンドウ枠の固定] ボタンをクリックします。
❹ [ウィンドウ枠の固定] をクリックします。

Step 2 任意のセルをクリックして選択を解除します。

Step 3 スクロールしても、1行目から3行目が表示されていることを確認します。

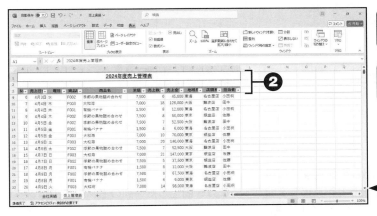

❶ スクロールバーの▼をクリックして、5行スクロールします。
❷ スクロールしても1行目から3行目が表示されていることを確認します。

Step 4 表の先頭が表示されるまでスクロールします。

操作　ウィンドウ枠の固定を解除する

ウィンドウ枠の固定を解除し、スクロールして動作を確認しましょう。

Step 1 ウィンドウ枠の固定を解除します。

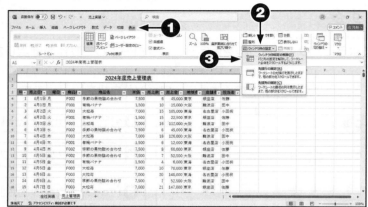

❶ [表示] タブが選択されていることを確認します。

❷ [ウィンドウ枠の固定] ボタンをクリックします。

❸ [ウィンドウ枠固定の解除] をクリックします。

Step 2 スクロールすると1行目～3行目が表示されないことを確認します。

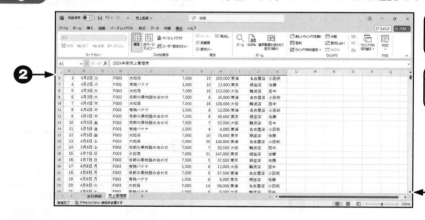

❶ スクロールバーの▼をクリックして、5行スクロールします。

❷ スクロールすると1行目から3行目が表示されないことを確認します。

Step 3 表の先頭が表示されるまでスクロールします。

💡 ヒント　縦にも横にも長い表の見出しを固定するには

縦にも横にも長い表の列見出しと行見出しを固定するには、固定したい列の右、行の下にあるセルを選択して、[ウィンドウ枠の固定] ボタンをクリックします。

Excelの終了

現在開いているブックを閉じる場合、そのブックだけを閉じる方法と、Excel自体を終了する方法があります。引き続き別のブックを作成・編集するときは、Excelは終了せず、ブックだけを閉じます。Excelの作業を終了する場合は、Excelを終了します。

操作☞ ファイルを閉じる

Step 1 ［ファイル］タブに切り替えます。

❶［ファイル］タブをクリックします。

Step 2 ファイルを閉じます。

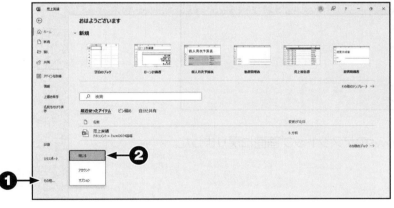

❶［その他］をクリックします。

❷［閉じる］をクリックします。

💡 ヒント
編集画面に戻るには
ブックを閉じる前に、編集画面に戻る場合は、画面左上の ⊖ をクリックします。

Step 3 ファイルが閉じました。

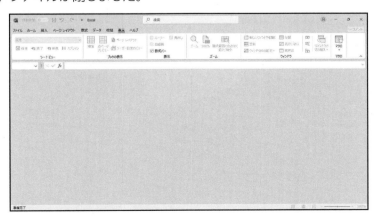

第 1 章　Excelの基本操作　25

ヒント　保存の確認メッセージ

編集したファイルを保存せずに閉じようとすると、確認のためのメッセージが表示されます（環境や設定によって内容が異なる場合があります）。

■[保存]
初めて保存する場合は、ファイル名を付けるための画面が表示されます。既に保存されているファイルの場合は、現在付けられている名前でファイルが更新され、閉じます。

■[保存しない]
ファイルを保存しないで閉じます。

■[キャンセル]
ファイルを閉じる操作そのものを取り消します。

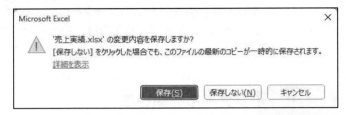

操作　Excelを終了する

Step 1 Excelを終了します。

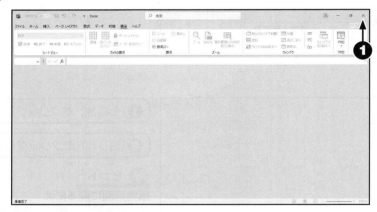

❶[閉じる]ボタンをクリックします。

Step 2 Excelが終了して、Windowsのデスクトップ画面に戻りました。

この章の確認

- ☐ 既存のブックを開くことができますか？
- ☐ リボンのタブを切り替えることができますか？
- ☐ アクティブセルを移動することができますか？
- ☐ 連続したセルを選択することができますか？
- ☐ 離れた範囲のセルを選択することができますか？
- ☐ 列（行）を選択することができますか？
- ☐ シートを切り替えることができますか？
- ☐ 画面の表示位置を変更することができますか？
- ☐ 画面の表示倍率を変更することができますか？
- ☐ ウィンドウ枠の固定と解除ができますか？
- ☐ ブックを閉じることができますか？
- ☐ Excelを終了することができますか？

復習問題　問題 1-1

Excelを起動し、ブックを開きましょう。

1. Excelを起動して、［Excel2024基礎］フォルダーの［復習問題］フォルダーに保存されているブック「復習1　第2四半期実績」を開きましょう。

2. ［挿入］タブ、［ページレイアウト］タブに切り替えてExcelの機能を確認しましょう。

3. ［ホーム］タブに切り替えましょう。

※この問題の完成データはありません。

問題 1-2

アクティブセルを移動しましょう。また、連続した範囲のセルや離れた範囲のセルを選択しましょう。

1. キャラメルオレの7月の売上実績のセル（セルC11）をアクティブセルにしましょう。
2. セルC5～E11を範囲選択して、解除しましょう。
3. セルB4～B11とセルF4～F11を範囲選択して、解除しましょう。
4. F列全体を選択し、解除しましょう。
5. C～E列全体を選択し、解除しましょう。

※この問題の完成データはありません。

問題 1-3

画面の表示位置や表示倍率を変更しましょう。また表の見出しが常に表示されるようにしましょう。

1. シート「売上管理表」に切り替えましょう。
2. セルA148が表示されるまで、画面の表示位置を変更し、元に戻しましょう。
3. 画面の表示倍率を75％に変更し、元に戻しましょう。
4. 1行目～3行目が常に表示されるように、ウィンドウ枠を固定しましょう。
5. スクロールしても1行目～3行目が表示されていることを確認し、ウィンドウ枠の固定を解除しましょう。
6. ブックを保存しないで閉じましょう。
7. Excelを終了しましょう。

※この問題の完成データはありません。

第2章

表の作成

- 表作成の流れ
- 新しいブックの作成とデータ入力
- データの修正
- 移動とコピー
- ブックの保存

表作成の流れ

Excelで表を作成するときは、データを入力してから表の体裁を整えます。表作成の流れを確認しましょう。

Excelで表を作成する一般的な流れは次のとおりです。作成する表や表の目的によっては異なることもあります。

新規ブックの作成	表を作成するために初めに新規ブックを作成します。
データの入力	作成する表のデータを入力します。
保存	作成したデータを保存します。
数式の作成 （数式を作成する場合）	合計や、四則演算などの計算式を作成します。
上書き保存	一度保存したデータを更新するために上書き保存します。上書き保存は随時行うようにします。
表の編集	作成した表の体裁を整えます。文字の大きさ、書体、配置、罫線、塗りつぶしの色の設定などを行います。
グラフの作成 （グラフを作成する場合）	表のデータを基にグラフを作成します。
印刷	表が完成したら、用紙の設定などを行い、印刷を実行します。

❶ 重 要　作業中の保存操作

Excel 2024 では、何らかのトラブルでExcelが強制終了してしまった場合でも、その内容が失われないように機能が強化されています。しかし、表を作成しているときには、頻繁に上書き保存することをお勧めします。

新しいブックの作成とデータ入力

表を作成するために、まずは新規のブックを作成し、続いてデータを入力します。

効率的に表を作成するためには、ブック作成後にデータを入力する手順や、データの形式を理解しておくことが大切です。

■ データの入力手順

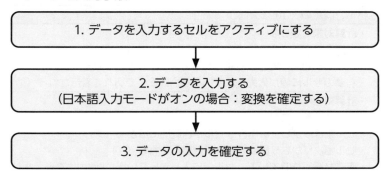

■ 日本語入力モード

日本語などの文字データを入力するには、日本語入力モードがオンになっている必要があります。Excelの起動時には、日本語入力モードはオフの状態になっています。日本語入力モードのオン/オフの状態はタスクバーで確認できます。

文字データを入力する場合は日本語入力モードをオンにし、数値データを入力する場合にはオフにすると、効率良くデータを入力することができます。
日本語入力モードのオン/オフを切り替えるには、**半角/全角**キーを押します。また、タスクバーの入力モードのボタン（ A または あ ）をクリックしても切り替えられます。

■ データの種類と特徴

Excelのセルに入力できる代表的なデータの種類には、文字、数値、日付の3つがあります。

Excelでは、入力したデータを自動的に認識します。データの種類によって以下の特徴があります。

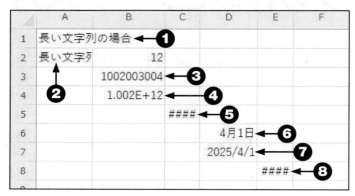

データの種類	特徴、既定の表示形式
文字	・計算対象にならない ・左揃えで表示される ・セル幅を超える場合は右隣のセルにはみ出て表示される（①） ・右隣のセルに値が入力されている場合は途中で切れて表示される（②）
数値	・計算対象になる ・右揃えで表示される ・セル幅より少し長い場合はセルが自動的に広がる（③） ・セル幅よりかなり長い場合は指数表示される（④） ・書式が設定されていて、セル幅に入りきらない場合は####で表示される（⑤）
日付	・計算対象になる ・「4/1」と入力すると日付形式になり、表示は「4月1日」となる（⑥） ・数式バーにはシステム日付から西暦年を付加して表示される ・日付の値はシリアル値で保持されている ・セル幅より少し長い場合はセルが自動的に広がる（⑦） ・セル幅に入りきらない場合は####で表示される（⑧）

用語　シリアル値

Excelでは、日付に「シリアル値」という連番を振って管理しています。シリアル値は、1900年1月1日を「1」として、1日で「1」ずつ増加する値です。時刻は日付の一部として、小数値で管理しています。たとえば、2025年4月1日の13時は、「45748.56147…」という値になります。

新規ブックの作成

表を作成するために、新規に空白のブックを作成しましょう。

操作　空白のブックを作成する

Step 1 Excelを起動して、空白のブックを作成します。

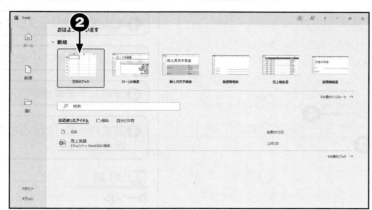

❶ Excelを起動します。

❷ [空白のブック] をクリックします。

💡 **ヒント**
Excelが起動した状態での空白ブックの作成
すでにExcelが起動した状態で新規に空白のブックを作成するには、[ファイル] タブをクリックし、[新規] をクリックして [空白のブック] をクリックします。

Step 2 空白のブックが作成されます。

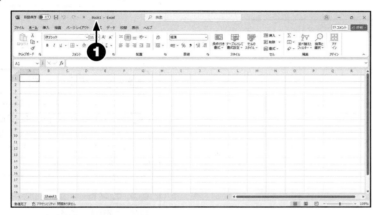

❶ タイトルバーに「Book1」と表示されていることを確認します。

💡 **ヒント**
ブックの名前
利用環境によっては、ブックの名前が「Book1」にならない場合があります。

データの入力

作成する表のデータを入力しましょう。

操作 ☞ 文字を入力する

日本語入力モードをオンにして、表のタイトル、項目名、商品名などの日本語の項目を入力しましょう。また、商品IDのような英数字の項目は、日本語入力モードをオフにしてから入力しましょう。

Step 1 日本語入力モードをオンにします。

Step 2 表のタイトルの文字をセルA1に入力します。

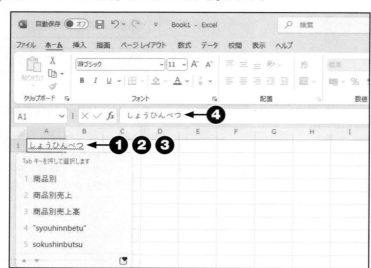

❶ セルA1をクリックします。

❷ 「しょうひんべつ」と入力します。

❸ 波線と予測候補が表示されます。

❹ 数式バーに「しょうひんべつ」と表示されます。

用語
カーソル
セル内の点滅する縦棒を「カーソル」といいます。キーを押すと、カーソルの位置に文字が入力されます。

Step 3 文字を漢字に変換します。

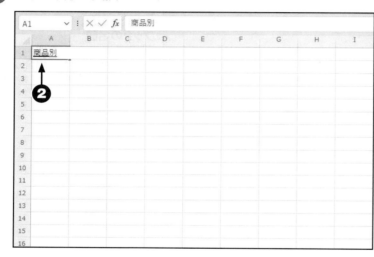

❶ 文字を変換します。

❷ ひらがなが漢字に変換され、文字の下に下線が表示されます（商品と変換されなかったときは、さらに変換します）。

ヒント
変換に使用するキー
文字を変換するには、スペースキーか**変換**キーを押します。

ヒント
予測候補
表示された入力候補の一覧から、目的の文字列をクリックして入力することもできます。

Step 4 文字を確定します。

❶ Enterキーを押します。

❷ 文字の下の下線が消えます。

Step 5 表のタイトルの文字を続けて入力して変換します。

❶ 「3ねんかんうりあげじっせきひょう」と入力し、変換します（画面と同じになるように変換します）。

❷ 文字の下に下線が表示されます。

34 　新しいブックの作成とデータ入力

Step 6 表のタイトルを確定します。

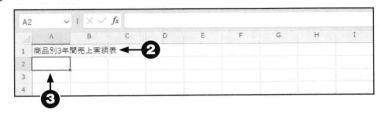

❶ **Enter**キーを押します。

❷ 文字の下の下線が消えます。

Step 7 データを確定します。

❶ もう一度**Enter**キーを押します。

❷「商品別3年間売上実績表」が左揃えで表示されます。

❸ アクティブセルが1つ下のセルA2に移動します。

Step 8 図を参考に、項目名、商品名などを入力します。

用語
オートコンプリート
入力中に、数文字を入力すると、同一列内で既に入力した文字列が入力候補として表示されることがあります。これを「オートコンプリート」といいます。同じデータを入力したい場合は、**Enter**キーを押してデータを確定します。別のデータを入力したい場合は、入力し続けます。

■ここでの入力のポイント
・英数字は半角で入力します。
・「季節の果物詰め合わせ」を入力後、「桐箱入りメロン」を入力するために「き」と入力すると、自動的に「季節の果物詰め合わせ」が表示されます(オートコンプリート)が、続けて「きり」と入力すると、別のデータを入力できます。
・「完熟マンゴー」を入力後、「完熟有機みかん」を入力するために「か」と入力すると、自動的に「完熟マンゴー」が表示されますが、続けて「かんじゅくゆ」と入力すると、別のデータを入力できます。

Step 9 日本語入力モードをオフにします。

Step 10 商品IDを入力します。

❶ セルA6をクリックします。

❷「F001」と入力します。

❸ 数式バーに「F001」と表示されます。

第2章 表の作成

Step 11 データを確定します。

❶ Enterキーを押します。

❷ 「F001」が左揃えでセル内に表示されます。

❸ アクティブセルが1つ下のセルA7に移動します。

💡 ヒント　入力中のデータを確定またはキャンセルするには

データを入力中は、カーソルが入力位置に表示されます。この状態では、まだデータは確定していません。入力中のデータを確定またはキャンセルにするには、次の操作を行います。

目的	操作
入力中のデータの確定	・**Enter**キーを押す ・数式バーの ☑ [入力] ボタンをクリックする
入力中のデータのキャンセル	・**Esc**キーを押す ・数式バーの ☒ [キャンセル] ボタンをクリックする

操作☞ 数値を入力する

日本語入力モードをオフにしたまま、数値データを入力しましょう。

Step 1 数値を入力します。

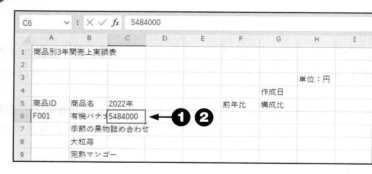

❶ セルC6をクリックします。

❷ 「5484000」と入力します。

Step 2 数値を確定します。

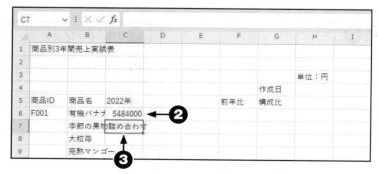

❶ Enterキーを押します。

❷ 「5484000」が右揃えでセル内に表示されます。

❸ アクティブセルが1つ下のセルC7に移動します。

Step 3 図を参考に数値を入力します。

	A	B	C	D	E	F	G	H
1	商品別3年間売上実績表							
2								
3								単位：円
4							作成日	
5	商品ID	商品名	2022年			前年比	構成比	
6	F001	有機バナナ	5484000	4985500	4582500			
7		季節の果物	10486400	14644800	13972500			
8		大粒苺	5395000	6500000	7294000			
9		完熟マンゴー	8461800	12646000	13620600			
10		桐箱入り×	13488000	14368000	12829600			
11		完熟有機み	6584000	5824000	5676000			
12		合計						
13		平均						
14								

■ここでの入力のポイント
・桁数の多い数値（セルC7など）を入力すると、列幅が自動的に広がることを確認しながら入力しましょう。

💡 **ヒント** **データを効率的に入力するには**
あらかじめデータを入力したいセルを範囲選択してからデータを入力すると、選択した範囲内でアクティブセルを移動することができ、データを効率的に入力することができます。

■**キーによるアクティブセルの移動方向**
選択した範囲内でアクティブセルが移動する方向は次の表のとおりです。

キー	アクティブセルの移動方向
Enterキー	1つ下のセル（既定）
Shift＋Enterキー	1つ上のセル
Tabキー	1つ右のセル（既定）
Shift＋Tabキー	1つ左のセル

 セルを範囲選択し、**Enter**キーを押すと、図のような順番でアクティブセルが移動します。

 セルを範囲選択し、**Tab**キーを押すと、図のような順番でアクティブセルが移動します。

💡 **ヒント** **数値を文字データとして入力するには**
数値を文字データとして入力するには、数値の前に「'（シングルクォーテーション）」を入力します。「'（シングルクォーテーション）」の後に入力された数値は文字データとして認識され、左揃えで表示されます。また、あらかじめセルの表示形式を［文字列］に設定しておくと、数値を文字データとして入力できます。セルの表示形式は、［セルの書式設定］ダイアログボックスの［表示形式］タブで設定します。

操作 ☞ 日付を入力する

日本語入力モードをオフにしたまま、日付データを入力しましょう。

Step 1 日付を入力します。

❶ セルH4をクリックします。
❷「4/1」と入力します。

Step 2 表示を確認します。

❶ Enterキーを押します。
❷ 日付と認識され、「4月1日」と表示されます。

> 💡 ヒント
> **日付の初期設定**
> 日付は月日のみを入力すると今年の日付として認識されます。今年以外の日付を入力するには、西暦4桁の後に/(スラッシュ)を入力し、月日を入力します。たとえば、2025年4月1日は「2025/4/1」と入力します。

> 💡 ヒント **日付の表示形式**
> 「4/1」と入力して確定すると、日付の表示は「4月1日」になります。日付を和暦や西暦4桁を付けて表示するには、[セルの書式設定]ダイアログボックスの[表示形式]タブで設定します。

連続データの入力

年など、文字と数字を組み合わせた規則性のある連続データは、「オートフィル」機能を使用して簡単に入力できます。よく使われる月や曜日なども、Excelに連続データとして登録されているので、オートフィル機能で入力できます。

操作 ☞ 連続データを入力する

「2022年」のデータを使って、横方向にドラッグして「2023年」、「2024年」をオートフィル機能で入力しましょう。また、商品ID「F001」を縦にドラッグして、連続した商品IDを入力しましょう。

Step 1 連続データの基となるセルを選択します。

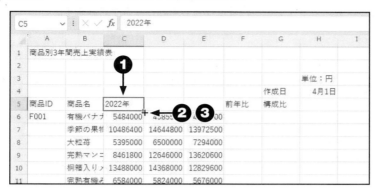

❶ セルC5をクリックします。

❷ セルの右下隅にあるフィルハンドルをポイントします。

❸ マウスポインターの形が ✚ になっていることを確認します。

📖 **用語**

フィルハンドル
「フィルハンドル」とは、アクティブセルまたは選択範囲の右下隅に表示される緑色の四角形のことです。

Step 2 連続データを作成します。

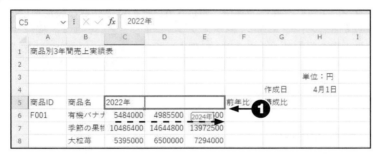

❶ セルE5までドラッグします。

Step 3 任意のセルをクリックして範囲選択を解除し、セルD5～E5に年のデータが自動的に入力されたことを確認します。

	A	B	C	D	E	F	G	H
1	商品別3年間売上実績表							
2								
3								単位：円
4							作成日	4月1日
5	商品ID	商品名	2022年	2023年	2024年	前年比	構成比	
6	F001	有機バナナ	5484000	4985500	4582500			
7		季節の果物	10486400	14644800	13972500			
8		大粒苺	5395000	6500000	7294000			

Step 4 同様に、セルA6をクリックし、セルA11までフィルハンドルをドラッグして商品IDのデータを入力します。

	A	B	C	D	E	F	G	H
1	商品別3年間売上実績表							
2								
3								単位：円
4							作成日	4月1日
5	商品ID	商品名	2022年	2023年	2024年	前年比	構成比	
6	F001	有機バナナ	5484000	4985500	4582500			
7	F002	季節の果物	10486400	14644800	13972500			
8	F003	大粒苺	5395000	6500000	7294000			
9	F004	完熟マンゴー	8461800	12646000	13620600			
10	F005	桐箱入りメロン	13488000	14368000	12829600			
11	F006	完熟有機みかん	6584000	5824000	5676000			
12		計						
13		平均						

第2章 表の作成

ヒント [オートフィルオプション]ボタン

[オートフィルオプション]ボタンは、オートフィル機能を使用したときに表示されます。

[オートフィルオプション]ボタンをクリックすると、データをコピーするのか、連続データにするのかなどを選択することができます。

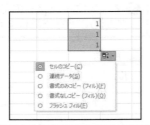
[連続データ]を選択

用語 オプションボタン

[オートフィルオプション]ボタンのように、操作の直後に表示され、その場で必要な設定をしたり、気付きにくい操作オプションを利用したりすることができるしくみをオプションボタンといいます。操作や情報に応じてボタンが表示されるので、必要最小限の選択肢からすばやく処理を選択できます。
オプションボタンには[オートフィルオプション]ボタンのほかに、 (Ctrl)・[貼り付けのオプション]ボタン、 [挿入オプション]ボタンなどがあります。

ヒント オートフィル機能で入力できるデータの種類

オートフィル機能では、日付、時刻、日、週、月などの規則性のあるデータや、基になるデータが文字列と数値の組み合わせの場合に、連続データを入力できます。
オートフィル機能を使うと、次のような連続データを自動的に入力することができます。

最初のセルの値	連続データ
月	火、水、木、金、土、日、月…
月曜日	火曜日、水曜日、木曜日、金曜日、土曜日、日曜日、月曜日…
1月	2月、3月、4月、5月、6月…12月、1月、2月…
1月1日	1月2日、1月3日、1月4日…1月31日、2月1日…
9:00	10:00、11:00、12:00…23:00、0:00、1:00…
第1	第2、第3、第4、第5…

あらかじめ連続データを作成したい数値を2つ入力し、数値の範囲を選択してからオートフィル機能を利用すると、「1、2…」、「5、10…」、「100、99…」などの規則性のある数値の連続データを入力できます。

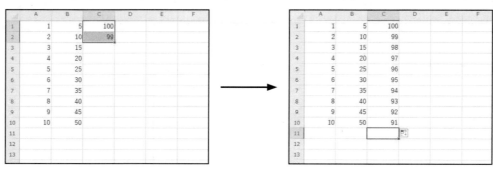

また、ユーザー独自の連続データを作成することもできます。
操作手順は次のとおりです。

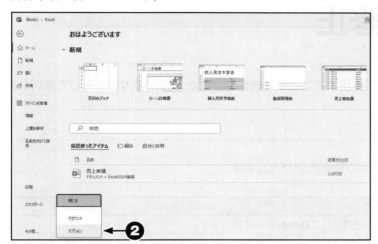

❶[ファイル]タブをクリックします。

❷その他をクリックし[オプション]をクリックします。

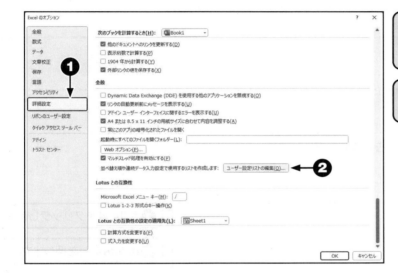

❶[Excelのオプション]ダイアログボックスの[詳細設定]をクリックします。

❷[全般]の[ユーザー設定リストの編集]をクリックします。

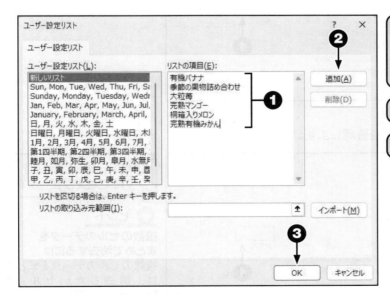

❶[ユーザー設定リスト]ダイアログボックスの[リストの項目]ボックスに、連続データをEnterキーで改行しながら、1項目ずつ入力します。

❷[追加]をクリックします。

❸[OK]をクリックします。

[OK]をクリックして[Excelのオプション]ダイアログボックスを閉じます。

データの修正

入力したデータは、後から修正することができます。また、修正の内容に応じて適切な操作方法があります。

データの修正には、以下の操作方法があります。

修正内容	操作
データの消去	セルを選択して**Delete**キーを押します。
データの上書き	データが入力されているセルに、書き換えたいデータを直接入力します。
データの一部修正	セル上でダブルクリックして該当部分を修正します。

操作 データを消去する

セルG4の「作成日」を消去しましょう。

Step 1 データを消去します。

❶セルG4をクリックします。

❷**Delete**キーを押します。

Step 2 データが消去されたことを確認します。

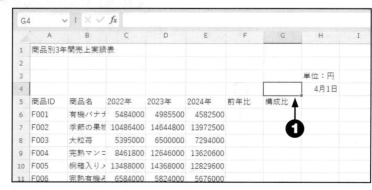

❶セルG4の「作成日」が消去されていることを確認します。

ヒント
複数のセルのデータをまとめて消去するには
複数のセルのデータをまとめて消去するには、消去したいセルを範囲選択し、**Delete**キーを押します。

42 データの修正

操作 データを上書きする

セルH4の日付を、「4月11日」に変更しましょう。

Step 1 上書きしたいセルを選択します。

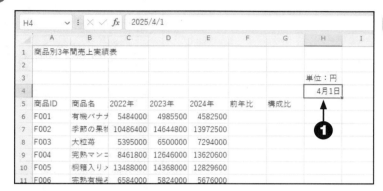

❶セルH4をクリックします。

Step 2 データを上書きします。

❶「4/11」と入力します。

❷Enterキーを押します。

Step 3 セルH4の値が後から入力したデータに上書きされたことを確認します。

操作 データの一部を修正する

セルA1の表のタイトルの「3年間」を「年度別」に変更しましょう。

Step 1 修正したい部分にカーソルを表示します。

❶セルA1をダブルクリックします。

❷セル内にカーソルが表示されます。

❸「間」と「売」の間をクリックします。

💡 ヒント
修正部分の指定
セルをダブルクリックしてカーソルを表示した後、←キーまたは→キーを押すと、カーソルを左右に移動できます。

Step 2 修正する文字を削除します。

❶BackSpaceキーを3回押します。

❷「3年間」が削除されます。

Step 3 修正する文字を入力します。

❶「年度別」と入力します。

❷Enterキーを押してデータを確定します。

Step 4 データが修正されたことを確認します。

ヒント　データの一部を修正する方法

データの一部を修正するには、次の2つの方法もあります。

・対象セルをアクティブにし、数式バーをクリックします。

クリックした位置にカーソルが表示される

・対象セルをアクティブにし、**F2**キーを押します。

セル内の文字列の最後にカーソルが表示される

ヒント　操作を間違ってしまった場合

操作を間違ってしまったときのために、Excelには操作を取り消したり、やり直したりするための機能が用意されています。

■ 操作を元に戻すには

入力、削除、書式設定などの操作を取り消したい場合は、クイックアクセスツールバーの [元に戻す　○○] ボタン（○○は直前に行った操作によって変わります）をクリックします。クリックするたびに、直前に行った操作を1操作ずつ元に戻すことができます。また、複数の操作を一度に取り消したい場合は、[元に戻す　○○] ボタンの▼をクリックし、一覧から取り消したい操作を選択します。ただし、操作の内容によっては、元に戻すことができない場合もあります。

■ 元に戻した操作をやり直すには

[元に戻す] ボタンで取り消した操作をやり直すには、クイックアクセスツールバーの [やり直し　○○] ボタンをクリックします。[元に戻す　○○] ボタンと同様に、[やり直し　○○] ボタンの▼をクリックすると、複数の操作を一度にやり直すことができます。

第2章　表の作成　45

移動とコピー

セルやセル範囲のデータを移動するには「切り取り」と「貼り付け」を行います。データをコピーするには「コピー」と「貼り付け」を行います。

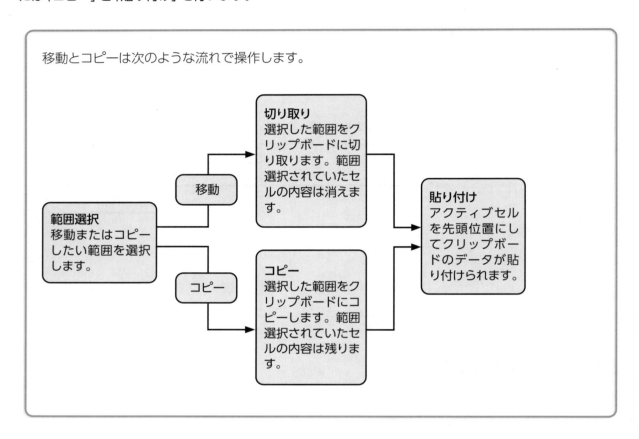

用語　クリップボード

クリップボードは、切り取ったまたはコピーしたデータを一時的に保存する領域です。Officeをはじめとする Windows上のさまざまなアプリケーションで利用できるので、アプリケーション間のデータ受け渡しにも使えます。Windowsのクリップボードは、一度に保存できる情報が最新の1つだけです。クリップボードに新しい内容が切り取りまたはコピーされると、前の内容は置き換えられます。
Officeは最大24個まで情報を保存できる独自のクリップボード機能を備えています。[ホーム]タブの[クリップボード]グループの[クリップボード]ボタンをクリックすると、保存されたデータが一覧できる[クリップボード]作業ウィンドウが開きます。

操作　データを移動する

セルH3の「単位：円」とセルH4の日付を、セルG3～G4に移動しましょう。また、セルB12の「合計」とセルB13の「平均」を、セルA12～A13に移動しましょう。

Step 1 移動するセル範囲を切り取ります。

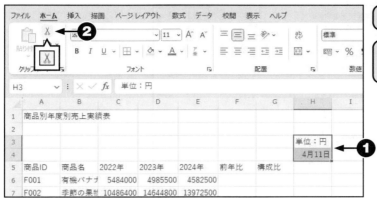

❶ セルH3～H4を範囲選択します。

❷ [ホーム] タブの [切り取り] ボタンをクリックします。

Step 2 選択したセルが点滅する破線で囲まれます。

❶ セルH3～H4が点滅する破線で囲まれていることを確認します。

Step 3 切り取ったセル範囲を貼り付けます。

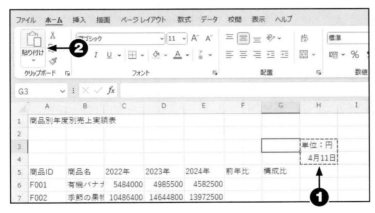

❶ セルG3をクリックします。

❷ [貼り付け] ボタンをクリックします。

💡 **ヒント**
切り取りと貼り付け
切り取ったセルは、切り取ったセル範囲を囲む破線が点滅している間に、一度だけ貼り付けることができます。

Step 4 セルG3を基点にデータが移動したことを確認します。

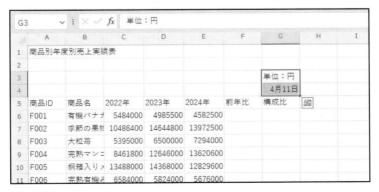

Step 5 同様に、セルB12～B13をセルA12～A13に移動します。

操作 データをコピーして貼り付ける

表全体を右側にコピーしましょう。

Step 1 セル範囲をコピーします。

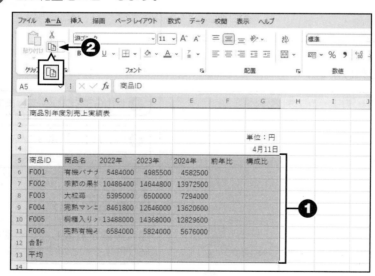

❶ セルA5～G13を範囲選択します。

❷ [コピー] ボタンをクリックします。

Step 2 選択したセル範囲が、点滅する破線で囲まれます。

Step 3 コピーしたセル範囲を貼り付けます。

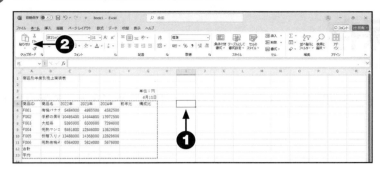

❶ セルI5をクリックします。

❷ [貼り付け] ボタンをクリックします。

Step 4 範囲選択を解除して、セルI5を基点として表がコピーされたことを確認します。

ヒント
点滅する破線を解除するには
コピーまたは切り取りで選択したセル範囲は、点滅する破線で囲まれます。それを解除するには、**Esc**キーを押します。

Step 5 セルI5 〜 O13を範囲選択し、**Delete**キーを押してコピーした表を消去します。

ヒント　貼り付けのオプション

[貼り付けのオプション] ボタンは、データを貼り付けたときに表示されます。
[貼り付けのオプション] ボタンをクリックすると、貼り付けのオプションが表示され、書式だけを貼り付けたり、貼り付け元とのリンクを設定したりすることができます（「書式」とは、文字の表示形式や配置、フォントサイズ、罫線などを指します）。貼り付けのオプションは、右クリックしたときや [ホーム] タブの [貼り付け] ボタンの▼をクリックしたときにも表示されます。ボタンにマウスをポイントすると、データを貼り付けた後の状態を事前に確認することができます。各ボタンの機能は次のとおりです。

分類	ボタン		分類	ボタン	
貼り付け		貼り付け	値の貼り付け		値
		数式			値と数値の書式
		数式と数値の書式			値と元の書式
		元の書式を保持	その他の貼り付けオプション		書式設定
		罫線なし			リンク貼り付け
		元の列幅を保持			図
		行/列の入れ替え			リンクされた図

第2章 表の作成

ブックの保存

作成したブックを残し、後から使用できるようにしておくために、ファイルとして保存します。

■ ブックの保存

ブックをファイルとして保存する場合、次の2つの保存方法を使います。

保存方法	内容
上書き保存	既存のブックへの変更を保存して最新の状態に更新します。新しく作成したブックでこのコマンドを選択すると、[名前を付けて保存] ダイアログボックスが表示されます。
名前を付けて保存	新しく作成したブックに名前を付けて保存します。既存のブックに別の名前を付けて、新しいブックとして保存します。

■ ファイル名の付け方

ファイル名には、ファイルの内容を示すような、わかりやすい名前を付けましょう。なお、ファイル名には、次の半角記号は使用できません。

/	スラッシュ	*	アスタリスク	|	縦棒
¥	円記号	?	疑問符	:	コロン
<>	不等号	"	ダブルクォーテーション		

ヒント 拡張子について

ファイルには、ファイル名の後に拡張子が付きます。拡張子はファイルの種類を識別するためのもので、Excel ブックの拡張子は、「.xlsx」です。拡張子は保存時に自動的に付きますが、Windowsの初期設定では表示されないようになっています。

操作 名前を付けて保存する

作成したブックに「売上実績」という名前を付けて保存しましょう。

Step 1 [名前を付けて保存] ダイアログボックスを開きます。

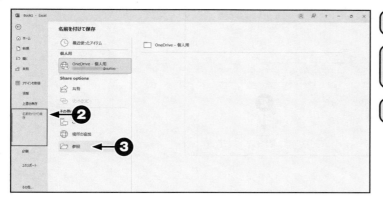

❶ [ファイル] タブをクリックします。

❷ [名前を付けて保存] をクリックします。

❸ [参照] をクリックします。

Step 2 [Excel2024基礎] フォルダーを開きます。

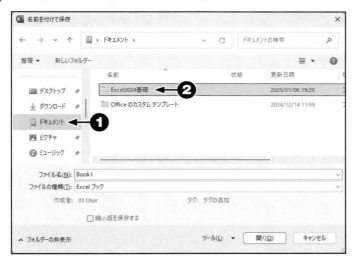

❶ [ドキュメント] をクリックします。

❷ [Excel2024基礎] フォルダーをダブルクリックします。

Step 3 [保存用] フォルダーを開きます。

❶ [保存用] フォルダーをダブルクリックします。

第 2 章 表の作成 | 51

Step 4 ファイル名を指定します。

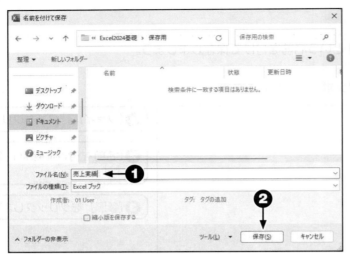

❶ [ファイル名] ボックスに「売上実績」と入力します。

❷ [保存] をクリックします。

Step 5 ファイルが保存されたことを確認します。

❶ タイトルバーにファイル名が表示されていることを確認します。

Step 6 ブック「売上実績」を閉じます。

💡 ヒント　OneDriveへの保存

ファイル名の右の▼をクリックすると、ブックをOneDriveにも保存することができます。OneDriveに保存するには、保存先やファイル名を確認して [アップロード] ボタンをクリックします。OneDriveに保存したファイルは、名前の変更、移動、バージョン履歴へのアクセスができます。

この章の確認

- ☐ 表作成の流れを理解できましたか？
- ☐ データの入力手順を理解できましたか？
- ☐ データの種類とその特徴を理解できましたか？
- ☐ 新規ブックを作成できますか？
- ☐ 文字データを入力することができますか？
- ☐ 数値データを入力することができますか？
- ☐ 日付データを入力することができますか？
- ☐ 連続データを入力することができますか？
- ☐ データを消去することができますか？
- ☐ データを上書き修正することができますか？
- ☐ データの一部を修正することができますか？
- ☐ データを移動することができますか？
- ☐ データをコピーして貼り付けることができますか？
- ☐ ブックを保存することができますか？

 問題 2-1

新規ブックを作成し、文字データを入力しましょう。

1. 新規ブックを作成しましょう。
2. 図を参考に文字データを入力しましょう。

	A	B	C	D	E	F	G	H	I
1	商品別月別売上集計表								
2									
3									単位：円
4								日付	
5	商品CD	商品名	7月			合計	前月比	構成比	
6	C001	ブレンドコーヒー							
7		炭焼コーヒー							
8		カフェオレ							
9		炭焼アイスコーヒー							
10		アイスカフェオレ							
11	合計								
12	平均								
13									

問題 2-2

数値データと日付データを入力しましょう。続いて連続データを作成しましょう。

1. 図を参考に数値データを入力しましょう。
2. 図を参考に日付データを入力しましょう。
3. 商品CDを連続データで作成しましょう。
4. 月を連続データで作成しましょう。

	A	B	C	D	E	F	G	H	I
1	商品別月別売上集計表								
2									
3									単位：円
4								日付	9月30日
5	商品CD	商品名	7月	8月	9月	合計	前月比	構成比	
6	C001	ブレンド	846000	725200	812000				
7	C002	炭焼コーヒ	175600	178800	184000				
8	C003	カフェオレ	131040	153600	181920				
9	C004	炭焼アイス	352800	343800	341550				
10	C005	アイスカフ	327120	433260	370620				
11	合計								
12	平均								
13									

問題 2-3

データの消去と修正を行いましょう。

1. セルH4の「日付」を消去しましょう。
2. セルI4の日付を「10月15日」に変更しましょう。
3. セルA1のタイトルを「商品別第2四半期売上集計表」に修正しましょう。

問題 2-4

データの移動を行い、ブックに名前を付けて保存しましょう。

1. セルI3〜I4のデータを、セルH3〜H4に移動しましょう。

2. 作成したブックに、「第2四半期売上実績」という名前を付けて［保存用］フォルダーに保存し、ブックを閉じましょう。

四則演算と関数

- 四則演算と関数について
- 四則演算
- 基本的な関数
- 相対参照と絶対参照

四則演算と関数について

Excelで計算を行うには、セルに数式を入力します。数式は、等号（＝、イコール）で始まります。ほかのセルを参照して、四則演算（足し算、引き算、掛け算、割り算）の計算を行ったり、関数を使用して計算を行ったりすることができます。関数とは、Excelであらかじめ定義されている計算式です。

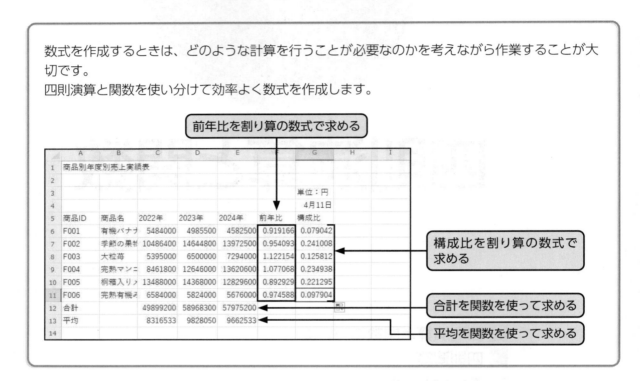

四則演算

Excelで四則演算（足し算、引き算、掛け算、割り算）の計算をするには、先頭に等号（=）を入力し、続いて計算対象となる値やセル参照と四則演算子などを使って数式を入力します。

■ 数式とは

数式とは等号（=）で始まる計算式のことです。数値を使ったりほかのセルを参照したりして、四則演算（足し算、引き算、掛け算、割り算）などの計算を行うことができます。

足し算の例：=100 + 200　→　計算結果：300

セルには、数式の計算結果が表示されます。数式を入力したセルをアクティブにすると、数式バーにセルの数式が表示されます。また、数式バーで数式の修正を行うこともできます。

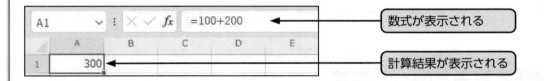

数式が表示される

計算結果が表示される

■ 四則演算子を使った数式

四則演算の計算に使う記号を、「四則演算子」といいます。

演算子	数学の場合	意味
+	+	足し算
−	−	引き算（数値の前に付けると「マイナス」として認識されます）
*	×	掛け算
/	÷	割り算
^	2^3	べき乗（使用例：2^3→2^3）

■ セル参照

他のセルに入力された値を、セル番地で指定して数式に使用することを「セル参照」といいます。セル番地とは、列番号と行番号でセルの位置を表したものです。たとえば、「A列1行目」のセルは「A1」、「A列の1行目からC列の3行目まで」のようなセルの範囲は、「A1:C3」と表します。

セル参照を使った足し算の例：=A1 + A2　→　セルA1の値とセルA2の値を足す

セル番地はキーボードから直接入力することもできますが、数式の入力中にセルをマウスでクリックすると、そのセル番地が数式中に入力されます。

■ 数式コピー時のセル参照

数式をコピーすると、コピー先に応じてセルの参照先が変わります。

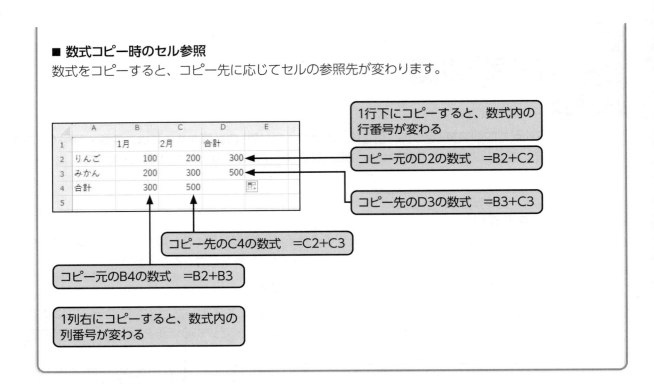

四則演算子を使った数式

足し算や引き算などの四則演算をするには、等号 (=) で始まり、四則演算子などを使った数式を入力します。数式を入力するときは、「=」や四則演算子はキーボードから入力しますが、セル参照は、セルをマウスでクリックすることで入力できます。最後に、Enterキーを押して数式を確定します。

操作 数式を入力する

2024年の売上が2023年の売上よりどのくらい伸びているかを表すために、前年比を割り算で求めましょう。

Step 1 [保存用]フォルダーにあるブック「売上実績」を開きます。本章から学習を開始する場合は、[Excel2024基礎]フォルダーにある「3章　売上実績」を開きます。

Step 2 計算結果を表示させたいセルを選択します。

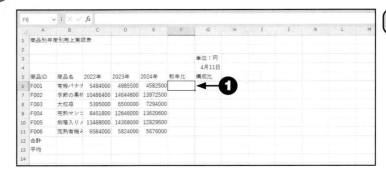

❶セルF6をクリックします。

58　四則演算

Step 3 等号を入力します。

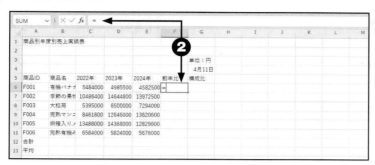

❶ キーボードから「=」と入力します。

❷ 数式バーとセルF6に「=」と表示されていることを確認します。

Step 4 計算の対象となるセルを選択します。

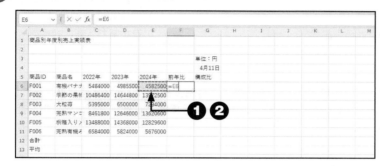

❶ セルE6をクリックします。

❷ セルE6が点滅する破線で囲まれます。

💡 **ヒント**
セルの選択を間違えた場合
計算の対象となるセルの選択を間違えた場合は、正しいセルをクリックし直します。

Step 5 演算子を入力します。

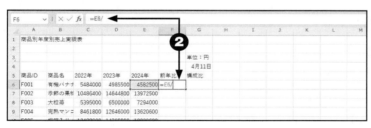

❶「/」を入力します。

❷ 数式バーとセルF6に「=E6/」と表示されていることを確認します。

Step 6 同様に、数式に使う次のセルを選択します。

❶ セルD6をクリックします。

❷ セルD6が点滅する破線で囲まれます。

Step 7 数式を確定します。

❶ Enterキーを押します。

❷ セルF6に計算結果が表示されていることを確認します。

第 3 章　四則演算と関数

Step 8　数式を確認します。

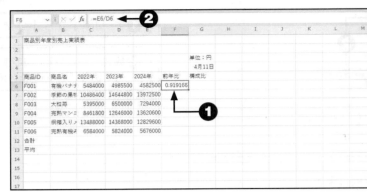

❶ セルF6をクリックします。

❷ 数式バーに数式が表示されていることを確認します。

ヒント
数値と数式の違い
数式を入力すると、セルには計算結果が表示されます。入力されたデータが数値データか数式かは、数式バーで確認することができます。アクティブセルに数式が入力されている場合、数式バーには数式が表示されます。

ヒント　数式の再計算
セル参照を使って数式を作成している場合、参照先のセルの値を変更すると、計算結果も自動的に修正されます。参照元のセルに新しい数値を入力すると、再計算され、新しい計算結果が表示されます。値を変更するたびに数式を修正する必要はありません。

数式のコピー

セルのコピーと同様に、数式もコピーできます。通常の(相対参照の)数式をコピーすると、コピー先に応じてセルの参照先が変わります。

ヒント　相対参照
通常、セル参照で数式を入力すると相対参照となり、数式をコピーするとコピー先に応じてセルの参照先が変わります。詳しくは、本章の「相対参照と絶対参照」を参照してください。

操作　数式をコピーする

オートフィル機能を使用して数式をコピーすることができます。セルF6で求めた前年比を、オートフィル機能を使ってセルF11までコピーしましょう。

Step 1　コピーする数式を選択します。

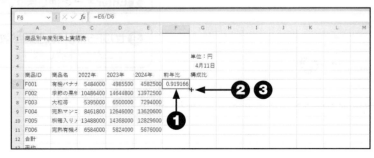

❶ セルF6が選択されていることを確認します。

❷ フィルハンドルをポイントします。

❸ マウスポインターの形が ✚ になっていることを確認します。

60　四則演算

Step 2 数式をコピーします。

❶セルF11までドラッグします。

Step 3 範囲選択を解除して、セルF7～F11に数式がコピーされていることを確認します。

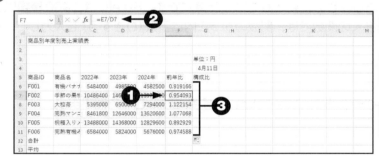

❶セルF7をクリックします。

❷数式バーに適切な数式が表示されていることを確認します。

❸セルF7～F11に計算結果が表示されていることを確認します。

💡 **ヒント**　**オートフィル以外に数式をコピーする方法**

数式をコピーするには、オートフィルを使うほかに［コピー］ボタンと［貼り付け］ボタンを使う方法もあります。この場合もコピー先に応じてセルの参照先が変わります。

数式をコピーする手順は、次のとおりです。

❶数式を入力したセルを選択し、［コピー］ボタンをクリックします。

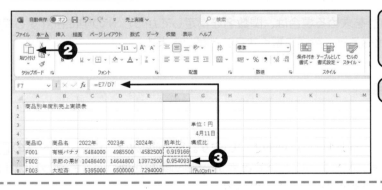

❷数式をコピーするセルまたはセル範囲を選択し、［貼り付け］ボタンをクリックします。

❸数式がコピーされます。

第3章　四則演算と関数

基本的な関数

Excelには、関数という便利な計算式があります。関数を使うと、合計や平均などのよく使う計算から、さまざまな目的に応じた計算まで、長く複雑な数式を短く簡単に作成して計算することができます。

「関数」とは、Excelであらかじめ定義されている計算式です。Excelには、400種類以上の関数が用意されています。多くの関数では、関数のかっこ内に引数（ひきすう）を入力して、計算の詳細を指定できます。

■ 関数の書式

関数の書式は、等号 (=) の右側に関数名を入力し、引数をかっこ () で囲みます。

=SUM (C6:C11)
　関数名　　引数

※この例にある「SUM関数」の「SUM」とは「合計」という意味の英語です。

■ 引数について

関数では、計算などの処理の対象となる値やセル範囲、文字列などを「引数」として指定します。引数の種類は、使用する関数によって異なります。引数にセル範囲を指定するときは、コロン (:) を使って入力します。範囲をカンマ (,) で区切って入力すると、複数の範囲を指定することができます。マウスを使って引数にセル範囲を指定すると、自動的にコロン (:) やカンマ (,) が入力されます。

■ 四則演算と関数の比較

セル範囲C6 ～ C11の合計を求める場合、四則演算と関数では次のように違いがあります。
四則演算の場合は、足し算のため数式が長くなります。

=C6+C7+C8+C9+C10+C11

SUM関数を使って合計を求める場合は、関数名を指定してかっこ () の中に合計する範囲を指定します。四則演算と比べると、数式を短くすることができます。

=SUM (C6:C11)
　関数名 合計する範囲

■ 合計の計算

合計を求める計算式を、SUM (サム) 関数といいます。SUM関数は、[ホーム] タブの Σ▼ [合計] ボタンを使って、簡単に入力することができます。SUM関数を使うと、合計したい範囲を指定するだけで、簡単に合計を求めることができます。

■ [合計]ボタンから入力できる関数
[合計] ボタンの▼をクリックすると、合計のほかに、平均、数値の個数、最大値、最小値などを求めることもできます。[合計] ボタンは、[ホーム] タブと [数式] タブにあります。[数式] タブでは [オートSUM] ボタンになっています。

合計の計算

表を作成する場合、よく合計を求めることがあります。Excelでは簡単に合計を計算することができます。

操作 合計を求める（SUM関数）

[合計] ボタンを使って、セルC12に2022年の合計を求めましょう。また、オートフィル機能を使って、2022年の数式をコピーして、2023年、2024年の合計を求めましょう。

Step 1 合計を求めたいセルを選択します。

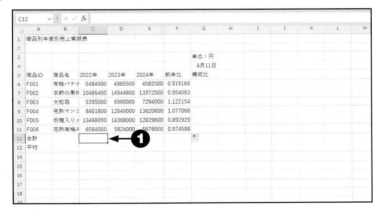

❶セルC12をクリックします。

Step 2 SUM関数の数式を入力します。

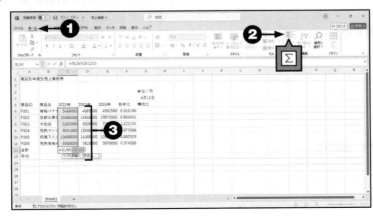

❶[ホーム] タブが表示されていることを確認します。

❷[合計] ボタンをクリックします。

❸セルC6～C11が破線で囲まれ、セルC12に「=SUM（C6:C11）」と表示されたことを確認します。

第 3 章 四則演算と関数

Step 3 合計を求めます。

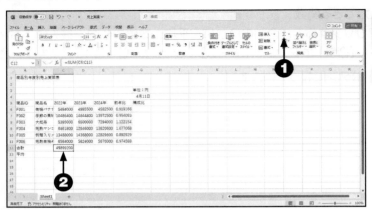

❶ もう一度［合計］ボタンをクリックします。

❷ セルC12に合計が表示されます。

Step 4 オートフィル機能を使って数式をコピーします。

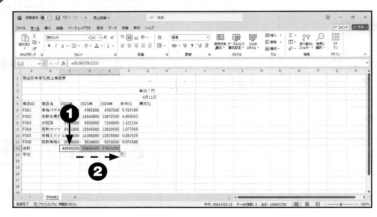

❶ セルC12が選択されていることを確認します。

❷ フィルハンドルをポイントし、セルE12までドラッグします。

Step 5 範囲選択を解除して、数式がコピーされていることを確認します。

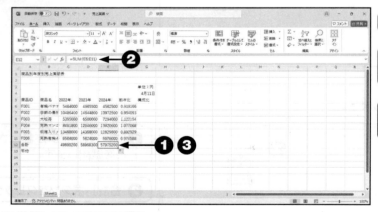

❶ セルE12をクリックします。

❷ 数式バーに適切な数式が表示されていることを確認します。

❸ セルE12に計算結果が表示されていることを確認します。

💡 ヒント　［合計］ボタンで自動認識される範囲

［合計］ボタンは、上か左に隣接し、連続して数値データが入力されているセル範囲を合計の対象として自動認識します。上と左のセルでは、上のセルを優先します。自動認識された範囲を修正したい場合には、合計したいセル範囲をあらためてドラッグします。

ヒント　一度に合計を求めるには

合計する値と合計を表示したいセルを範囲選択するか、合計を表示したい複数のセル範囲を選択してから、[合計] ボタンをクリックすると、一度の操作ですべての合計を求めることができます。

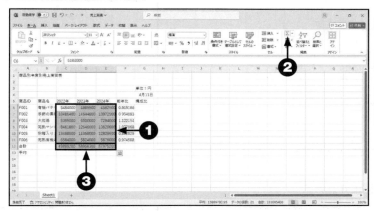

❶ セルC6～E11をドラッグします。

❷ [合計] ボタンをクリックします。

❸ セルC12～E12に計算結果が表示されていることを確認します。

[合計] ボタンのその他の関数

平均、数値の個数、最大値、最小値などのよく使われる関数は、[合計] ボタンを使って簡単に入力できます。

■ 平均　AVERAGE (アベレージ) 関数

AVERAGE関数は、引数の平均値を計算する関数です。複雑な数式を入力しなくても、引数に数値を指定するだけで平均値を求めることができます。

書式	=AVERAGE(数値1,数値2,...)
引数	数値1,数値2,...には、平均を求める数値またはセルを指定します。引数は1 ～ 255個まで指定できます。

操作☞ 平均を求める (AVERAGE関数)

[合計] ボタンを使って、セルC13に2022年の平均を求めましょう。また、オートフィルの機能を使って、2022年の平均の数式をコピーして、2023年、2024年の平均を求めましょう。

Step 1 平均を求めたいセルを選択します。

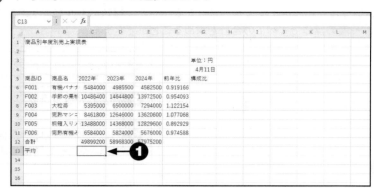

❶ セルC13をクリックします。

Step 2 平均を求める関数を選択します。

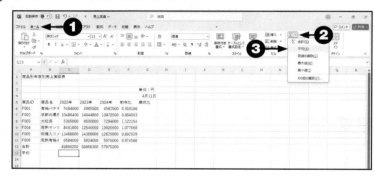

❶ [ホーム] タブが表示されていることを確認します。

❷ [合計] ボタンの▼をクリックします。

❸ [平均] をクリックします。

Step 3 AVERAGE関数の数式が自動的に入力されます。

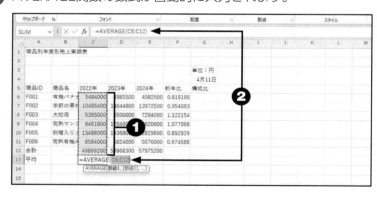

❶ セルC6～C12が破線で囲まれます。

❷ セルC13と数式バーに「=AVERAGE(C6:C12)」と表示されます。

Step 4 平均を求める範囲を選択し直します。

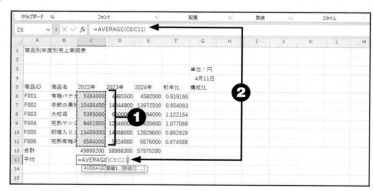

❶ セルC6～C11をドラッグします。

❷ セルC13と数式バーに選択した範囲が表示されていることを確認します。

Step 5 Σ[合計]ボタンをクリックし、数式を確定します。

Step 6 セルC13に2022年の平均が求められたことを確認します。

❶数式バーに数式が表示されていることを確認します。

Step 7 オートフィル機能を使って数式をコピーします。

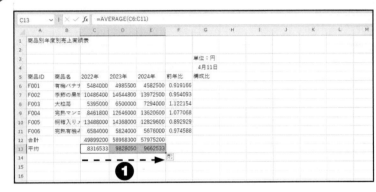

❶オートフィル機能を使ってセルC13の数式をE13までコピーします。

Step 8 範囲選択を解除して、平均が求められたことを確認します。

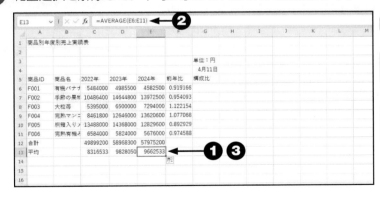

❶セルE13をクリックします。

❷数式バーに適切な数式が表示されていることを確認します。

❸セルE13に計算結果が表示されていることを確認します。

ヒント　[合計]ボタンで使えるその他の関数

■ 数値の個数　COUNT（カウント）関数
[合計]ボタンの▼をクリックし、[数値の個数]をクリックします。
COUNT関数は、選択範囲の中に数値データがいくつあるか（与えられた引数の中の数値データの個数）を返します。文字データなどが入力されたセルは、対象となりません。

書式	=COUNT(値1,値2,…)
引数	値1,値2,…には、数値データの個数を求めるセル範囲を指定します。引数は1～255個まで指定できます。

■ 最大値　MAX（マックス）関数
[合計]ボタンの▼をクリックし、[最大値]をクリックします。MAX関数は、選択範囲の中の最大値を求める関数です。

書式	=MAX(数値1,数値2,…)
引数	数値1,数値2,…には、最大値を求めるセル範囲を指定します。引数は1～255個まで指定できます。

■ 最小値　MIN（ミニマム）関数
[合計]ボタンの▼をクリックし、[最小値]をクリックします。MIN関数は、選択範囲の中の最小値を求める関数です。

書式	=MIN(数値1,数値2,…)
引数	数値1,数値2,…には、最小値を求めるセル範囲を指定します。引数は1～255個まで指定できます。

■ その他の関数
上記のほかにもさまざまな関数があり、数式バーの[関数の挿入]ボタンや、[数式]タブから挿入できます。[関数の挿入]ボタンをクリックすると[関数の挿入]ダイアログボックスが表示され、関数を探すことができます。

[関数の挿入]ダイアログボックスで関数を選択するか、[数式]タブの[関数ライブラリ]グループにある各関数の分類ボタンから関数を選択すると、[関数の引数]ダイアログボックスが表示され、関数を入力できます。

相対参照と絶対参照

セルを参照した数式をコピーするときに、コピー先に応じてセル番地を変えるか、または変えないかを指定して数式を作成することができます。

セルを参照する方法には、「相対参照」と「絶対参照」があります。相対参照と絶対参照を組み合わせて「複合参照」で指定することもできます。

セルを参照した数式をコピーするときに、コピー先に応じてセルの参照先が変わるのが相対参照で、コピーしてもセルの参照先が変わらないのが絶対参照です。Excelの既定のセル参照は相対参照です。

数式をコピーしてもセルの参照先を変えたくない場合は、あらかじめコピー元の数式を絶対参照で作成してからコピーする必要があります。

■ 相対参照

相対参照を使った数式をコピーすると、数式内のセル番地はコピー先のセルを基点にして自動的に書き換えられます。

次の例では、行ごとの合計を計算しています。セルC3に数式 (=A3+B3) を作成し、オートフィルで下のセルにコピーすると、コピー先のセルの数式の中の行番号は、コピー先のセルを基点に変更されています。

	A	B	C
1			
2	A地区	B地区	
3	100	250	350
4	300	200	500
5	500	150	650

C列のセルの数式

=A3+B3
=A4+B4
=A5+B5

また、相対参照を使った数式が入力されているセル範囲に、セル、行、列の挿入や削除を行うと、数式内のセル番地が自動的に修正されます。

たとえば、上の表において4行目(の上)に1行挿入すると、5行目、6行目のC列の数式ではセル番地の行番号が1つずつ修正されています。

C列のセルの数式

=A3+B3
=A4+B4
=A5+B5
=A6+B6

■ 絶対参照

絶対参照を使った数式では、コピーや移動を行っても、数式の中のセル番地は変更されません。絶対参照でセル番地を指定するには、セルの列番号と行番号の前に「$」記号を付け、「$A$1」のように入力します。

次の例では、合計に対する割合を求めています。このような数式では、割る数は必ずセルB6でなければなりません。コピーや移動を行ってもセル番地が変更されないように、絶対参照でセルB6を指定します。

	A	B	C
1			
2	品名	個数	
3	A	240	0.333333
4	B	300	0.416667
5	C	180	0.25
6	合計	720	

C列のセルの数式

=B3/$B$6
=B4/$B$6
=B5/$B$6

■ 複合参照

相対参照と絶対参照を組み合わせてセルを参照する方法です。列か行の一方が相対参照で、もう一方が絶対参照という参照方法で、「$A1」や「A$1」のように入力します。

■ 参照方法の切り替え

セル参照の入力中に**F4**キーを押すと、次の参照方法を繰り返し切り替えることができます。

F4キーを押す回数	表示	参照方法
1回	$A$1	絶対参照
2回	A$1	複合参照　列は相対参照、行は絶対参照
3回	$A1	複合参照　列は絶対参照、行は相対参照
4回	A1	相対参照

相対参照

前年比を求めたのと同様に、既定のセル参照の方法（相対参照）で構成比を求めて相対参照の数式を確認しましょう。

 相対参照で数式を作成する

2024年の有機バナナの構成比を求め、完熟有機みかんまで構成比の数式をコピーすると、正しい計算結果が得られないことを確認しましょう。

Step 1 数式を作成します。

❶ セルG6をクリックします。

❷ 「=E6/E12」と入力します。

❸ Enterキーを押します。

Step 2 構成比が求められたことを確認します。

❶ セルG6に構成比が表示されていることを確認します。

Step 3 数式をコピーします。

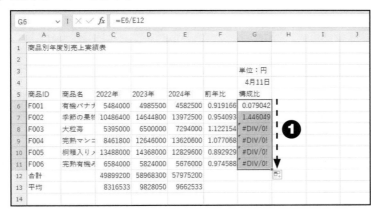

❶ オートフィル機能を使ってセルG6の数式をセルG7〜G11にコピーします。

Step 4 範囲選択を解除して、数式がコピーされたことを確認します。

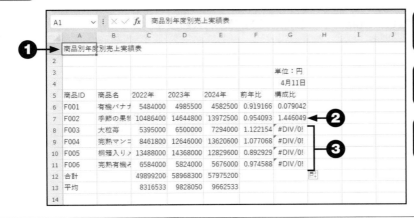

❶ 任意のセルをクリックして選択を解除します。

❷ セルG7に数値が表示されていることを確認します。

❸ セルG8〜G11にエラー値が表示されていることを確認します。

重要 数式をコピーしてもうまく計算できない理由

計算式がエラーになったときは、なぜ正しく計算できないのかを理解することが重要です。
相対参照の数式では、数式をコピーすると、次のように合計金額を表すセルの位置が変わるため、正しく構成比を求めることができません。

セル番地	相対参照の式をコピーした場合の数式
G7	=E7/E13
G8	=E8/E14
G9	=E9/E15
:	:

前年比の計算では、コピー先に応じてセルの参照先が変わったため、正しい計算結果が得られましたが、構成比の場合は、相対参照の数式をコピーすると、セルE12の2024年の合計で割るべき数式が、セルE13（平均）やセルE14（空白）などに修正されているために、正しく計算できなくなっています。

用語 エラー値「#DIV/0!」

Excelは数式中の空白を0とみなすため、0で割った場合には除算が成立しません。そのため「#DIV/0!」というエラー値が表示されます。たとえば、セルG8の数式を例にすると、=7294000/0という数式になり、7294000を0で除算するので、除算が成立せずに「#DIV/0!」というエラー値が表示されます。

ヒント ⚠️[エラーチェックオプション]ボタン

数式にエラーが発生したセルの左上には緑色の三角が表示されます。このセルをクリックすると［エラーチェックオプション］ボタンが表示されます。このボタンをポイントすると表示される▼をクリックすると、使用できるエラーチェックのオプションが表示されます。

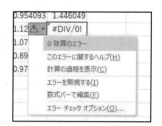

絶対参照

絶対参照を使用して構成比を求めましょう。

操作 絶対参照で数式を作成する

セルG6～G11に、2024年の合計に対する構成比を絶対参照で求めましょう。

Step 1 セルG6～G11を範囲選択し、**Delete**キーを押して数式を消去します。

Step 2 数式を作成します。

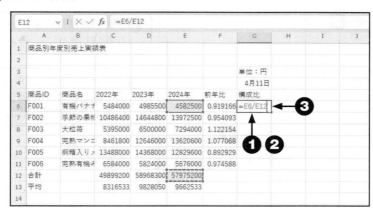

❶ セルG6をクリックします。

❷ 「=E6/E12」と入力します。

❸ 絶対参照にしたいセルE12の後ろにカーソルが表示されていることを確認します。

Step 3 相対参照を絶対参照に変更します。

❶ F4キーを押します。

❷ 参照方法が絶対参照に変更され「=E6/$E$12」と表示されます。

❸ Enterキーを押します。

Step 4 構成比が求められたことを確認します。

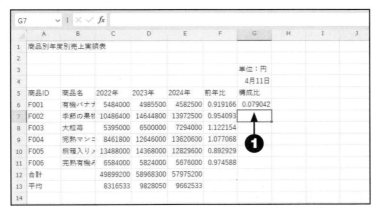

❶ セルG6に構成比が表示されていることを確認します。

Step 5 数式をコピーします。

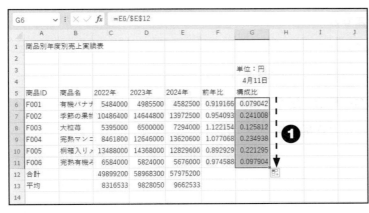

❶ オートフィル機能を使ってセルG6の数式をセルG7〜G11にコピーします。

第3章 四則演算と関数 | 73

Step 6　数式がコピーされたことを確認します。

❶ 正しい構成比が表示されていることを確認します。

❷ G7〜G11の任意のセルをクリックし、割る数がセルE12で固定されていることを確認します。

Step 7　ブックを [保存用] フォルダーに保存して閉じます。

この章の確認

☐ 四則演算と関数の使い分けを理解できましたか？

☐ 四則演算を使った数式を作成できますか？

☐ 数式をコピーすることができますか？

☐ 合計の関数を使って計算することができますか？

☐ [合計] ボタンを使って平均を求めることができますか？

☐ 相対参照で数式を作成した場合の長所、短所を理解できましたか？

☐ 絶対参照で数式を作成することができますか？

問題 3-1

9月と8月の売上を比較するために前月比を求め、数式をコピーしましょう。

1. ［復習問題］フォルダーに保存されているブック「復習3　商品別第2四半期売上実績」を開きましょう。
2. セルG6に9月と8月を比較する前月比を求めましょう。
3. セルG6の数式をセルG7～G10にコピーしましょう。

問題 3-2

合計と平均を求めましょう。

1. セルF6～F10、セルC11～F11に合計を求めましょう。
2. セルC12～F12に平均を求めましょう。

問題 3-3

合計の構成比を求めましょう。

1. セルH6～H10に総合計（セルF11）に対する、各商品の構成比を求めましょう。数式を作成し、オートフィルを活用して数式をコピーしましょう。
2. ブックを［保存用］フォルダーに保存して、ブックを閉じましょう。

	A	B	C	D	E	F	G	H	I
1	商品別第2四半期売上集計表								
2									
3							単位：円		
4							10月15日		
5	商品CD	商品名	7月	8月	9月	合計	前月比	構成比	
6	C001	ブレンドコ	846000	725200	812000	2383200	1.119691	0.428841	
7	C002	炭焼コーヒ	175600	178800	184000	538400	1.029083	0.096881	
8	C003	カフェオレ	131040	153600	181920	466560	1.184375	0.083954	
9	C004	炭焼アイス	352800	343800	341550	1038150	0.993455	0.186808	
10	C005	アイスカフ	327120	433260	370620	1131000	0.855422	0.203516	
11	合計		1832560	1834660	1890090	5557310			
12	平均		366512	366932	378018	1111462			
13									
14									

表の編集

■ 表の編集について
■ 列の幅と行の高さの設定
■ 行や列の挿入と削除
■ 書式の設定
■ ワークシートの操作

表の編集について

データを入力しただけでは、データが途中で切れて表示されてしまったり、適切な書式が設定されていないため見づらかったりします。データの内容を正確に伝えることができる、見栄えの良い表にするためには、表の編集が必要です。

入力したデータを、見やすく整えるにはどうすればよいかを考えながら表の編集を行うことが大切です。

■ 編集前

■ 編集後

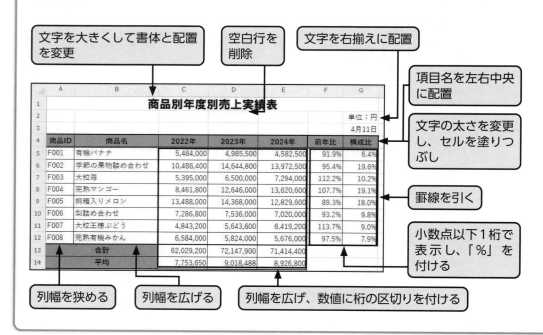

列の幅と行の高さの設定

新規のブックでは、列の幅がすべて同じです。セルに長い文字列を入力しても列の幅は変わらないので全部が表示されないことがあります。行の高さはフォントのサイズに合わせて広がりますが、行と行の間が詰まっていて見にくく感じる場合があります。見やすい表にするために、入力されているデータに適した列の幅や行の高さに変更することが必要です。

■ 列幅の調整方法
列幅を調整して、見やすい表にします。

操作	内容
列幅を手動調整	任意の値に列幅を広げたり狭めたりできます。
列幅を自動調整	いちばん長いデータに列幅を揃えます。
複数列の幅を調整	複数列の幅をまとめて同じ幅にできます。

■ 列幅を調整するポイント
列幅をどのように調整したらよいかを考えながら作業することが大切です。

用語
フォント
文字の書体のことを「フォント」といいます。

操作 **列幅を手動で調整する**

商品IDをセル内にバランス良く配置するために、ドラッグ操作で商品IDの列幅を少し狭くしましょう。

Step 1 [保存用]フォルダーにあるブック「売上実績」を開きます。本章から学習を開始する場合は、[Excel2024基礎]フォルダーにある「4章　売上実績」を開きます。

Step 2 商品IDの列幅を狭くします。

❶列番号Aの右側の境界線をポイントします。

❷マウスポインターの形が✢になっていることを確認します。

❸幅が「6.50」になるまで左へドラッグします。

💡 ヒント
列幅の数値について
列幅の数値は、標準フォントの半角で何字分かを表しています。標準の列幅は8.38字分です。

Step 3 商品IDの列の幅が少し狭くなったことを確認します。

💡 ヒント
列幅を数値で指定
目的の列を右クリックし、ショートカットメニューの[列の幅]を選択すると、列の幅を数値で指定できます。

操作 ☞ 列幅を自動で調整する

商品名をすべて表示するために、商品名の列幅を自動調整しましょう。

Step 1 商品名の列幅を自動調整します。

❶ 列番号Bの右側の境界線をポイントします。

❷ マウスポインターの形が ✛ になっていることを確認します。

❸ ダブルクリックします。

Step 2 商品名の列幅が自動調整されて広がったことを確認します。

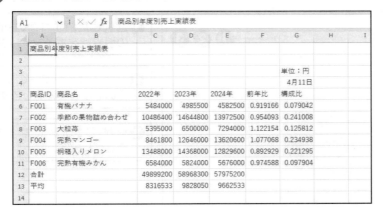

💡 ヒント　列幅の自動調整について

列幅の自動調整を行うと、列幅は選択した列にある最も長い文字列に合わせて調整されます。表のタイトル部分など、長い文字列が入力されているセルを含めずに列幅の自動調整を行う場合は、以下の手順で操作します。

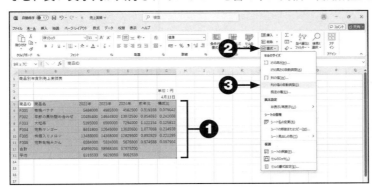

❶ タイトルを含めずに表全体を範囲選択します。

❷ [ホーム] タブの [書式] ボタンをクリックします。

❸ 一覧から [列の幅の自動調整] をクリックします。

第4章　表の編集

操作 複数の列の幅を調整する

2022年から2024年の列の幅を、桁数に余裕をもたせるために少し広げ同じ幅にしましょう。

Step 1 同じ幅にしたい複数の列を選択します。

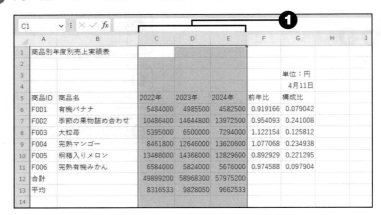

❶ 列番号C～Eをドラッグします。

Step 2 列幅を調整します。

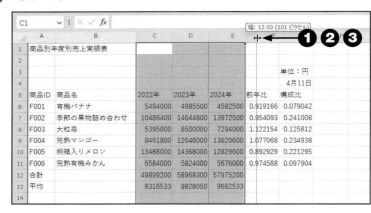

❶ 選択したいずれかの列番号の右側の境界線をポイントします。

❷ マウスポインターの形が ✛ になっていることを確認します。

❸ 幅が［12.00］になるまで右へドラッグします。

Step 3 範囲選択を解除して、2022年から2024年が同じ列幅で広がったことを確認します。

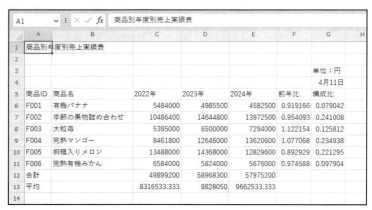

ヒント 行の高さを調整するには

行の高さは、文字（フォントサイズ）を大きくすると自動的に調整されますが、手動で行の高さを調整することもできます。

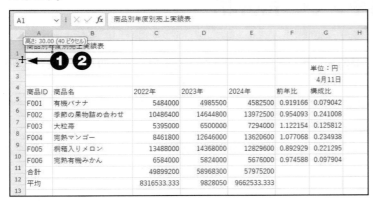

❶行番号の下側の境界線をポイントします。

❷マウスポインターの形が＋の状態でドラッグします。

手動で行の高さを変更した場合、自動調整されなくなります。たとえば、手動で行の高さを調整した後に文字を大きくすると、文字が欠けて表示されることがあります。その場合は、行の高さを自動調整すると文字を表示できます。

❶行番号の下側の境界線上をポイントします。

❷マウスポインターの形が＋の状態でダブルクリックします。

ヒント [書式]ボタンを使って調整するには

列幅と行の高さの調整は、[書式]ボタンでも調整できます。幅や高さを調整したい列または行を選択してから、[ホーム]タブの[書式]ボタンをクリックし、表示された一覧から目的の項目をクリックします。

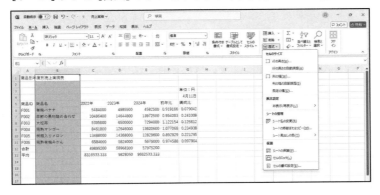

行や列の挿入と削除

作成した表の途中にデータを追加したり削除したりするためには、行や列を挿入または削除します。

■ **行の挿入と削除の手順**
ここでは表の途中にデータを追加し、不要な空白行を削除するため、以下の手順で操作します。

・行を挿入
・データを追加
・行を削除

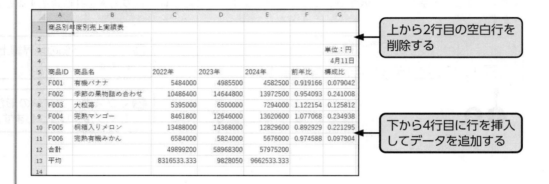

■ **列の挿入と削除**
行の挿入や削除と同様の手順で、列の挿入や削除を行うことができます。

操作 ☞ 行を挿入する

表の下から4行目にデータを追加するために、行を挿入しましょう。

Step 1 11行目に空白行を挿入します。

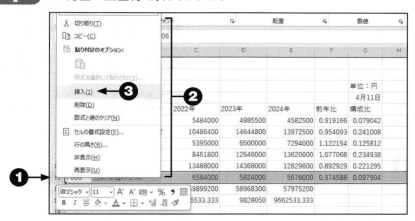

❶行番号11を右クリックします。

❷ショートカットメニューが表示されます。

❸[挿入]をクリックします。

Step 2 範囲選択を解除して、行が挿入されたことを確認します。

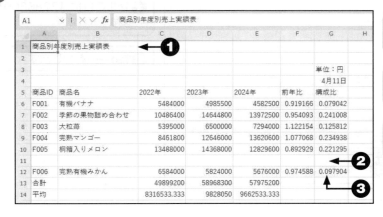

❶任意のセルをクリックして選択を解除します。

❷11行目に新しい行が挿入されていることを確認します。

❸元の11行目のデータが1行下に移動していることを確認します。

操作☞ データを追加する

商品ID「F006」の「梨詰め合わせ」のデータが抜けていたため、下から4行目に以下のデータを追加しましょう。また次の行の商品IDを修正しましょう。

商品ID	商品名	2022年	2023年	2024年
F006	梨詰め合わせ	7286800	7536000	7020000

Step 1 商品IDを入力します。

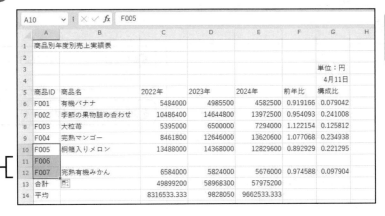

❶オートフィル機能を使ってセルA11に「F006」と入力し、セルA12を「F007」に修正します。

第4章 表の編集 | 85

Step 2 商品名を入力します。

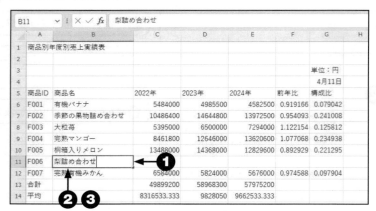

❶ セルB11をクリックします。

❷ 「梨詰め合わせ」と入力します。

❸ **Tab**キーを押します。

Step 3 2022年の値を入力します。

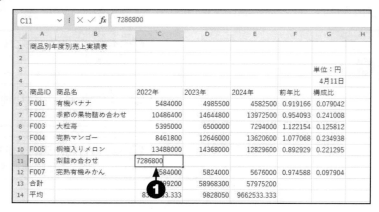

❶ セルC11に「7286800」と入力します。

❷ **Tab**キーを押します。

Step 4 2023年の値を入力します。

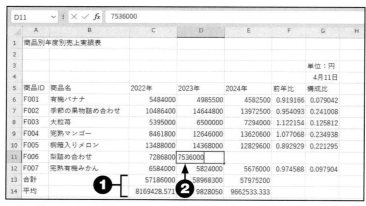

❶ セルC13の2022年の合計、セルC14の2022年の平均の値が再計算されていることを確認します。

❷ セルD11に「7536000」と入力します。

❸ **Tab**キーを押します。

Step 5 2024年の値を入力します。

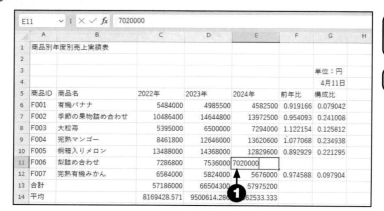

❶ セルE11に「7020000」と入力します。

❷ **Enter**キーを押します。

Step 6 前年比と構成比の数式がコピーされます。

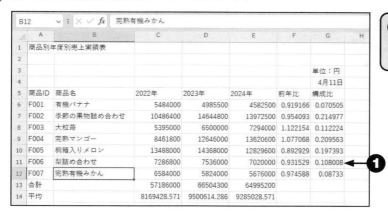

❶セルF11に前年比、セルG11に構成比の数式がコピーされていることを確認します。

操作 ☞ 行を削除する

上から2行目の空白行を削除しましょう。

Step 1 2行目の空白行を削除します。

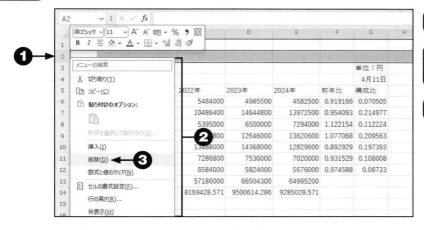

❶行番号2を右クリックします。

❷ショートカットメニューが表示されます。

❸[削除]をクリックします。

Step 2 範囲選択を解除して、空白行が削除されたことを確認します。

❶任意のセルをクリックして選択を解除します。

❷2行目が削除されていることを確認します。

❸元の3行目以降にあったデータと数式が1行上に移動していることを確認します。

書式の設定

わかりやすい表にするために、セルの書式設定を行います。

表を見やすくするために、セルに次の書式を設定できます。
・罫線
・セル内の文字の配置
・セルの結合
・セルの塗りつぶし
・文字の書式
・表示形式

■ セルの書式設定のポイント
データの内容をより正確に伝えられる表を作成するためには、どのような書式を設定すればよいかを意識しながら作業することが大切です。

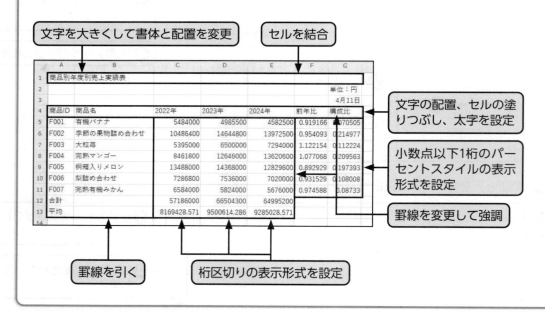

罫線の設定

表に罫線を引くと、表が見やすくなり、項目名とデータを明確に区別することができます。ワークシートの枠線（灰色の線）は通常印刷されませんが、罫線を引くことで、印刷した場合も表が見やすくなります。

罫線を引きたいセル範囲を選択してから、[ホーム] タブの [罫線] ボタンの一覧から罫線の種類を指定すると、罫線を引くことができます。

■ 罫線の設定のポイント
表全体に罫線を引く場合、後から引いた罫線が優先されるため、表全体に格子線を引いてから、外枠や二重線などを引くと効率的です。

操作 ☞ 罫線を引く

表を見やすくするために、表全体に格子の罫線、データのまとまりごとに太い外枠を引き、項目名とデータを区別するために項目名のセルの下に二重罫線を引きましょう。

Step 1 罫線を引く範囲を選択します。

❶セルA4～G11をドラッグします。

Step 2 表に格子の罫線を引きます。

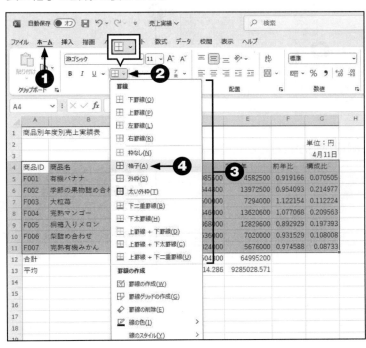

❶[ホーム] タブが選択されていることを確認します。

❷[罫線] ボタンの▼をクリックします。

❸罫線スタイルの一覧が表示されます。

❹[格子] をクリックします。

第4章 表の編集 89

Step 3 同様に、セルA12～E13に格子の罫線を引きます。

Step 4 セルA4～G11の外枠に太い罫線を引きます。

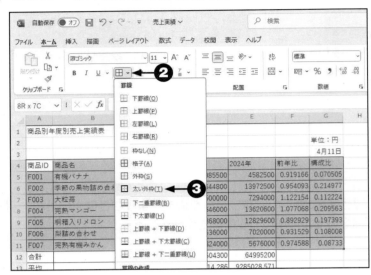

❶ セルA4～G11をドラッグします。

❷ [罫線] ボタンの▼をクリックします。

❸ [太い外枠] をクリックします。

💡 **ヒント**
[罫線]ボタンの表示
[罫線]ボタンには、直前に選択した罫線スタイルが表示されます。[罫線]ボタン（▼ではなく左側）をクリックすると、ボタンに表示されているスタイルの罫線を引くことができます。

Step 5 同様に、セルA4～E13に外枠の太い罫線を引きます。

Step 6 項目名とデータを区切る二重罫線を引きます。

❶ セルA4～G4をドラッグします。

❷ [罫線] ボタンの▼をクリックします。

❸ [下二重罫線] をクリックします。

Step 7 範囲選択を解除して、表に罫線が引かれたことを確認します。

💡 **ヒント**
罫線を削除するには
罫線を削除したい範囲を選択し、[罫線]ボタンの▼をクリックします。罫線スタイルの一覧の ⊞ [枠なし] をクリックします。

ヒント [セルの書式設定] ダイアログボックスで罫線を引くには

[セルの書式設定] ダイアログボックスの [罫線] タブを使うと、線の種類や色を変更したり、斜線を引くなどより細かい設定ができます。
[セルの書式設定] ダイアログボックスを開くには、[ホーム] タブの [罫線] ボタンの▼をクリックし、一覧の [その他の罫線] をクリックします。
次の手順で罫線を引くことができます。

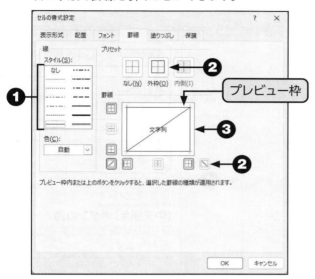

❶ [線] の [スタイル] ボックスで罫線の種類を選択します。

❷ [プリセット] または [罫線] でボタンをクリックして、罫線を引く場所を指定します。

❸ プレビュー枠内をクリックして、罫線を引いたり削除したりすることもできます。

セル内の文字の配置

既定では、入力した文字は左揃え、数値と日付は右揃えになります。項目名などはセルの中央にデータを配置すると、見やすくなります。

表を見やすくするために、セル内の文字の配置を変更できます。
・セル内の文字を中央に配置
・セル内の文字を右に揃えて配置

■ セル内の文字の配置のポイント
わかりやすい表を作成するためには、どのような配置にすればよいかを考えながら設定することが大切です。

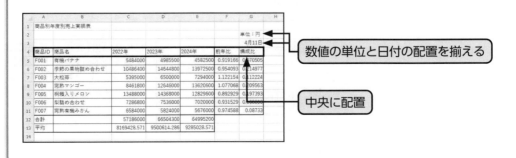

数値の単位と日付の配置を揃える

中央に配置

第4章 表の編集

操作 セル内の文字の配置を変更する

項目名をデータと対応させて見やすくするために、セルの中央に配置しましょう。また、数値の単位を表す「単位：円」を日付の配置と揃えるために、セルの右端に配置しましょう。

Step 1 項目名の配置を変更します。

① セルA4～G4をドラッグします。

② [ホーム] タブが選択されていることを確認します。

③ [中央揃え] ボタンをクリックします。

💡 ヒント
[中央揃え] ボタンの色
文字の配置を設定すると、ボタンの色が変わります。

Step 2 数値の単位の配置を変更します。

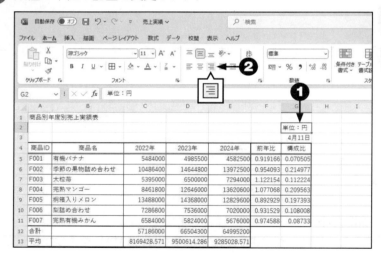

① セルG2をクリックします。

② [右揃え] ボタンをクリックします。

Step 3 範囲選択を解除して、セル内の文字の配置が変わったことを確認します。

💡 ヒント
セルの配置を解除するには
配置を解除したいセル範囲を選択し、もう一度 [中央揃え] ボタンまたは [右揃え] ボタンをクリックします。

セルの結合

上下、左右、上下左右に隣り合う複数のセルを結合して、1つのセルとして扱うことができます。これを「セルの結合」といいます。
［セルを結合して中央揃え］ボタンで結合したセルは、セル内の文字の配置が［中央揃え］になります。［セルを結合して中央揃え］ボタンの▼をクリックし、［セルの結合］をクリックして結合したセルは、標準状態（文字列は左揃え、日付と数値は右揃え）になります。セルを結合したあとに ［左揃え］ボタンや ［右揃え］ボタンを使えば、セル内の文字の配置を変更できます。

操作 セルを結合する

セルを結合して、タイトルや「合計」と「平均」の文字を中央に配置しましょう。

Step 1 タイトルの配置を変更します。

❶ セルA1～G1をドラッグします。
❷ ［セルを結合して中央揃え］ボタンをクリックします。

Step 2 同様に、セルA12～B12（合計）、セルA13～B13（平均）を結合します。

Step 3 範囲選択を解除して、結合したセルの中央に文字が表示されたことを確認します。

💡 ヒント
セルの結合を解除するには
結合を解除したいセルを選択し、もう一度［セルを結合して中央揃え］ボタンをクリックします。

ヒント　結合したセルの文字表示の方向

セルを結合して縦長のセルにした場合などは、それにあわせて文字列を表示したい場合があります。[方向]ボタンを使うと、セル内の文字を回転したり縦書きにしたりできます。

セルの塗りつぶし

項目名などを別のデータと区別するために、セルに色を付けることができます。

> 塗りつぶしの色には、「テーマの色」と「標準の色」が用意されています。
> テーマとは、色、フォント、線、塗りつぶし効果がまとめて定義されたものです。
> テーマの色を設定した場合、ほかのテーマやテーマの配色に変更すると、自動的に色が変わります。標準の色を設定した場合は、ほかのテーマやテーマの配色を変更しても色は変わりません。
> 塗りつぶしの色を、どのように設定したらよいかを考えながら作業することが大切です。

操作　セルに色を付ける

項目名、「合計」、「平均」をほかのデータと区別しやすくするために、セルの塗りつぶしをテーマの色を使って設定しましょう。

Step 1 塗りつぶしの色を付けたいセルを範囲選択します。

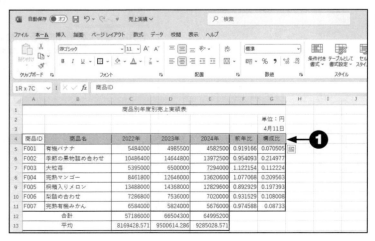

❶セルA4～G4をドラッグします。

Step 2 塗りつぶす色を選択します。

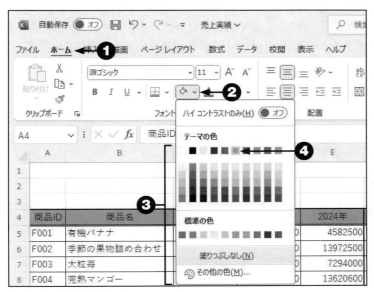

❶ [ホーム] タブが選択されていることを確認します。

❷ [塗りつぶしの色] ボタンの▼をクリックします。

❸ 塗りつぶしの色パレットが表示されます。

❹ [テーマの色] の1行目の右から5番目の [オレンジ、アクセント2] をクリックします。

💡 **ヒント**
色の名前を確認するには
確認したい色をポイントして、1～2秒待つとポップヒントが表示され、色の名前を確認できます。

Step 3 同様に、セルA12～A13に [オレンジ、アクセント2] のテーマの色を設定します。

Step 4 範囲選択を解除して、セルにテーマの色が設定されたことを確認します。

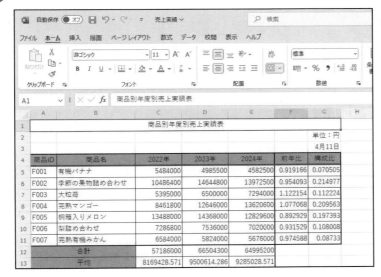

💡 **ヒント**
セルの塗りつぶしの色を解除するには
[塗りつぶしの色] ボタンの▼をクリックし、一覧の [塗りつぶしなし] をクリックします。

💡 **ヒント** **リアルタイムプレビュー**
セルの塗りつぶしの色を設定するときなど、マウスポインターを重ねるだけで瞬時に結果を確認することができます。これを「リアルタイムプレビュー」といいます。リアルタイムプレビューはさまざまな書式設定で利用できます。これにより、実際に設定する前にいろいろな書式を簡単に試すことができます。

第4章 表の編集 | 95

ヒント テーマの配色の変更

テーマのうち配色だけを変更するには、[ページレイアウト] タブの [配色] ボタンをクリックして一覧から配色を選択します。カラーパレットの色は、文字の色も含めて、テーマやテーマの配色と連動しています。テーマやテーマの配色を変更すると、カラーパレットで使用できる色が変わります。既定のテーマの配色は [Office] です。

ヒント [セルのスタイル] でセルを塗りつぶす

[ホーム] タブの [セルのスタイル] ボタンをクリックし、[テーマのセルスタイル] から選択して、セルの塗りつぶしを設定することもできます。

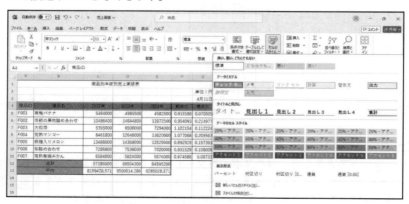

文字の書式設定

文字の書体のことを「フォント」といいます。特定の箇所を目立たせたり、他と区別したりするために、フォントの種類やサイズを変更したり、太字にするなどの書式設定を行います。

フォントの種類やサイズを変更すると、表をより見やすくすることができます。

操作	内容
フォントの種類の変更	フォントを変更すると、文字を強調して目立たせたり、他のデータと区別することができます。
フォントサイズの変更	フォントサイズを大きくして重要な内容を強調したり、フォントサイズを小さくして補足的な説明を表すことができます。
文字を太字に設定	タイトルや項目名などを太字に設定すると、ほかのデータと区別しやすくすることができます。

■ **Excel 2024の既定のフォントとフォントサイズ**
Excel 2024の既定のフォントとフォントサイズは游ゴシック、11ポイントです。フォントなどを変更した後、元に戻したい場合はこのフォントとフォントサイズを選択します。

操作 フォントを変更する

表のタイトルを強調するために、フォントを「HGP創英角ゴシックUB」に変更しましょう。

Step 1 フォントを変更するセルを選択します。

❶セルA1をクリックします。

第4章 表の編集 | 97

Step 2 フォントを選択します。

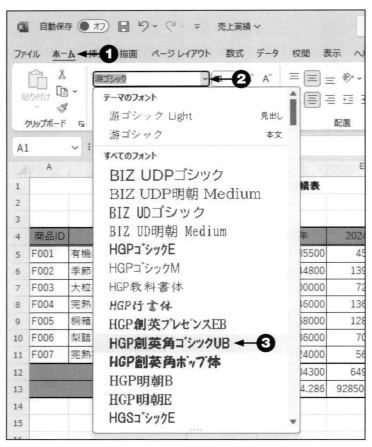

❶ [ホーム] タブが選択されていることを確認します。

❷ [フォント] ボックスの▼をクリックします。

❸ [HGP創英角ゴシックUB] をクリックします。

💡 **ヒント**
Excelの既定のフォントに戻すには
[フォント] ボックスの▼をクリックし、[游ゴシック] をクリックします。

Step 3 文字がHGP創英角ゴシックUBに変更されます。

❶ [フォント] ボックスに「HGP創英角ゴシックUB」と表示されていることを確認します。

❷ 表のタイトルのフォントが変わっていることを確認します。

💡 **ヒント**　**フォントの種類と名称**

フォントの種類には、日本語フォントと英文フォントがあります。日本語フォントには、ゴシック体や明朝体などがあり、英文フォントには、セリフやサンセリフなどがあります。[フォント] ボックスの一覧には、フォント名が実際のフォントで表示されるので、イメージを確認しながらフォントを設定することができます。

MS Pゴシック

MS P明朝

💡 ヒント　テーマのフォント

テーマのフォントには、見出し用のフォントと、本文用のフォントの組み合わせが設定されています。タイトルや表の項目などには見出しのフォント、内容やデータには本文のフォントを使うと適切な設定ができます。テーマのフォントを変更するには、[ページレイアウト] タブの [フォント] [フォント] ボタンをクリックし、一覧から設定したいテーマのフォントを選択します。既定のテーマのフォントは [Office] です。

操作 フォントサイズを変更する

表のタイトルをより見やすくするために、フォントサイズを大きくしましょう。

Step 1 セルA1が選択されていることを確認します。

Step 2 フォントサイズを変更します。

❶ [フォントサイズ] ボックスの▼をクリックします。

❷ [18] をクリックします。

第4章　表の編集　99

Step 3 文字のフォントサイズが変更されたことを確認します。

ヒント Excelの既定のフォントサイズに戻すには
[フォントサイズ] ボックスの▼をクリックし、[11] をクリックします。

ヒント　フォントサイズの数値指定

[フォントサイズ] ボックスに表示されないサイズを設定したい場合は、[フォントサイズ] ボックス内をクリックし、直接数値を入力して**Enter**キーを押します。

ヒント　フォントサイズの拡大と縮小

[ホーム] タブの A゛ [フォントサイズの拡大] ボタンと A゛ [フォントサイズの縮小] ボタンを使うと、クリックするたびにフォントサイズの一覧に表示されるサイズを、1段階ずつ上げたり下げたりできます。

操作　文字列を太字にする

項目名、「合計」、「平均」をより強調するために、太字にしましょう。

Step 1 項目名、「合計」、「平均」を太字にします。

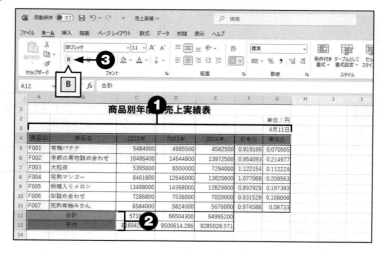

❶ セルA4～G4をドラッグします。

❷ **Ctrl**キーを押したまま、セルA12～A13をドラッグします。

❸ [太字] ボタンをクリックします。

Step 2 範囲選択を解除して、項目名、「合計」、「平均」が太字に変更されたことを確認します。

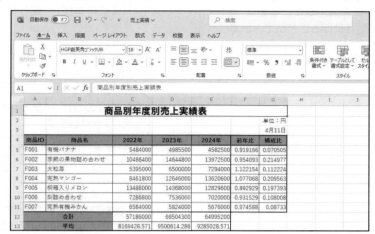

ヒント
太字を解除するには
セルを選択した状態で、もう一度 B [太字] ボタンをクリックします。

ヒント　斜体や下線を設定/解除するには

文字を斜体（イタリック）にしたり、文字に下線を付けたりすることができます。文字を斜体にするには[ホーム]タブの[フォント]の I [斜体] ボタンをクリックします。文字に下線を付けるには U [下線] ボタンをクリックします。斜体や下線を解除するには、書式を設定したセルを選択し、もう一度 [斜体] ボタンまたは [下線] ボタンをクリックします。

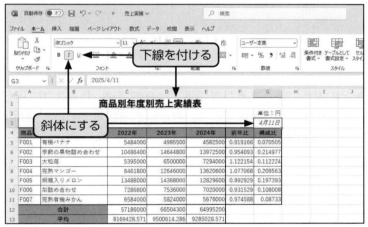

ヒント　[フォント]グループで設定できる書式

[ホーム]タブの[フォント]グループで設定できる書式には、ここまでで紹介した以外にも次のような書式があります。

A [フォントの色] ボタンを使うと、文字の色を変更できます。文字を範囲選択し、[フォントの色] ボタンの▼をクリックし、任意の色を設定します。文字の色を元に戻すには、[フォントの色] ボタンの一覧から[自動]をクリックします。

ア [ふりがなの表示/非表示] ボタンを使うと、Excelで入力した文字データにふりがなを表示することができます。ふりがなは、Excelに入力したときの変換前の読み情報が使われます。[ふりがなの表示/非表示] ボタンの▼をクリックすると、ふりがなを編集したり、[ふりがなの設定] ダイアログボックスを開いてふりがなの文字の種類や配置などの詳細を設定できます。

第4章 表の編集

ヒント [書式のコピー/貼り付け]ボタン

設定済みの書式をほかのセルにも適用したい場合は、[ホーム]タブの [書式のコピー/貼り付け]ボタンを使うと、書式だけをコピーして貼り付けることができます。

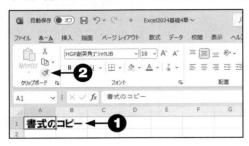
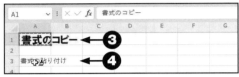
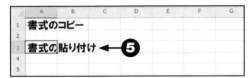

❶書式が設定されているセルをクリックします。

❷[書式のコピー/貼り付け]ボタンをクリックします。

❸選択したセルが破線で囲まれます。

❹マウスポインターの形が になるので、コピーした書式を貼り付けたいセルをクリックまたはドラッグします。

❺書式だけが貼り付けられます。

表示形式の設定

「表示形式」は、数値や日付などをどのように表示するかを設定したものです。たとえば、桁数が大きい整数には、読み取りやすくするためにカンマ(,)区切りを付けます。表示形式を設定すると、画面上の表示や印刷時に、設定した形式になりますが、データ自体は変更されません。

■ よく使う表示形式

[ホーム]タブの[数値]グループには、特によく使われる表示形式があらかじめ用意されています。

ボタン	機能	セルの値	設定前の画面表示	設定後の画面表示
通貨表示形式	数値が通貨記号とカンマを付けて表示されます。	5484000	5484000	¥5,484,000
パーセントスタイル	セルの値を100倍した結果がパーセント記号付きで表示されます。	0.25	0.25	25%
桁区切りスタイル	数値がカンマを付けて整数で表示されます。	5484000	5484000	5,484,000
小数点以下の表示桁数を増やす	小数点以下の桁数を増やして表示されます。	3.3333333	3.333333	3.3333333
小数点以下の表示桁数を減らす	小数点以下の桁数を減らして表示されます。	3.3333333	3.333333	3.33333

■ データと表示形式の関係

桁区切りのカンマなどはキーボードで入力するのではなく、表示形式で設定します。表示形式を設定しても、データは元の数値のままで表示状態だけが変わるため、数式などに数値として利用することができます。

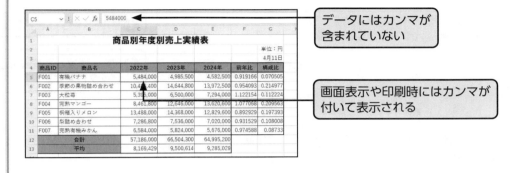

操作 数値に桁区切りのカンマ (,) を付ける

数値を読み取りやすくするために、数値に桁区切りのカンマを付けましょう。

Step 1 数値の表示形式を設定します。

❶ [ホーム] タブが選択されていることを確認します。

❷ セルC5～E13をドラッグします。

❸ [桁区切りスタイル] ボタンをクリックします。

Step 2 範囲選択を解除して、数値に桁区切りのカンマ (,) が付いたことを確認します。

💡 ヒント

桁区切りのカンマ (,) を解除するには
桁区切りのカンマ (,) を付けた範囲を選択し、[数値] の [標準] [数値の書式] ボックスの▼をクリックし [標準] をクリックします。

第 4 章 表の編集 | 103

操作☞ 数値を％で表示する

前年比、構成比を小数点以下1桁の％表示（パーセントスタイル）にしましょう。

Step 1 ％表示にします。

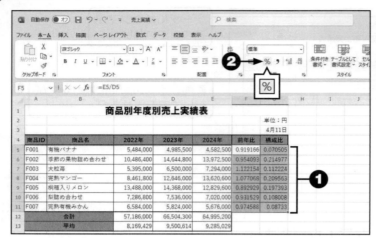

❶セルF5～G11をドラッグします。

❷[パーセントスタイル]ボタンをクリックします。

Step 2 小数点以下の表示桁数を増やします。

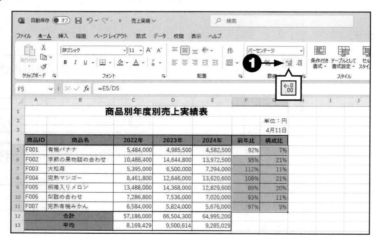

❶[小数点以下の表示桁数を増やす]ボタンをクリックします。

Step 3 範囲選択を解除して、小数点以下1桁の％表示になったことを確認します。

ヒント　その他の表示形式

［数値の書式］ボックスを使うと、一般的によく使われる表示形式を設定できます。

［数値の書式］ボックスの▼をクリックし［その他の表示形式］をクリックするか、［数値］グループの［表示形式］ボタンをクリックすると、［セルの書式設定］ダイアログボックスの［表示形式］タブが表示され、さまざまな表示形式を詳細に設定できます。ここでは日付の表示形式の設定方法を例に説明します。

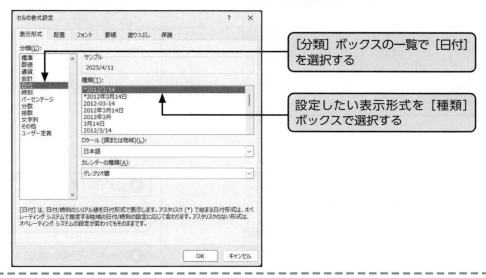

- ［分類］ボックスの一覧で［日付］を選択する
- 設定したい表示形式を［種類］ボックスで選択する

書式の自動設定

さまざまな書式が設定されている表に行や列を挿入すると、挿入した行や列にも自動的に書式が設定されます。また、数式が入力されている場合は、自動的に数式がコピーされます。

操作 ☞ データを追加して書式の自動設定を確認する

商品ID「F007」の「大粒王様ぶどう」のデータが抜けていたため、下から2行目に行を挿入して次のデータを追加しましょう。また最終行の商品IDも修正しましょう。

商品ID	商品名	2022年	2023年	2024年
F007	大粒王様ぶどう	4843200	5643600	6419200

Step 1 11行目に空白行を挿入します。

Step 2 商品IDを入力します。

❶ セルA11に「F007」と入力し、オートフィル機能を使ってセルA12を「F008」に修正します。

Step 3 商品名を入力します。

❶ セルB11をクリックします。

❷「大粒王様ぶどう」と入力します。

❸ Tabキーを押します。

Step 4 2022年の値を入力します。

❶ セルC11に「4843200」と入力します。

❷ Tabキーを押します。

Step 5 2023年の値を入力します。

❶ セルC11の数値に桁区切りのカンマ（,）が付いて表示されていることを確認します。

❷ セルD11に「5643600」と入力します。

❸ Tabキーを押します。

Step 6 2024年の値を入力します。

❶ セルE11に「6419200」と入力します。

❷ Enterキーを押します。

Step 7 書式が自動設定され、セルF11～G11に数式がコピーされたことを確認します。

❶ セルF11に前年比、セルG11に構成比の数式がコピーされ、小数点以下1桁の％表示になっていることを確認します。

❷ 合計と平均の値が11行目の値を含めたものに再計算されていることを確認します。

Step 8 ブックを[保存用]フォルダーに保存します。

ヒント [挿入オプション]ボタン

行や列を挿入すると、挿入した行の上、あるいは、挿入した列の左側の書式が設定されます。[挿入オプション]ボタンは、書式が設定されている行、列、セルの前に行、列、セルを挿入したときに表示されます。
[挿入オプション]ボタンをクリックすると、上下または左右のどちらかの書式に合わせるのか、または書式なしで挿入するのかを選択できます。

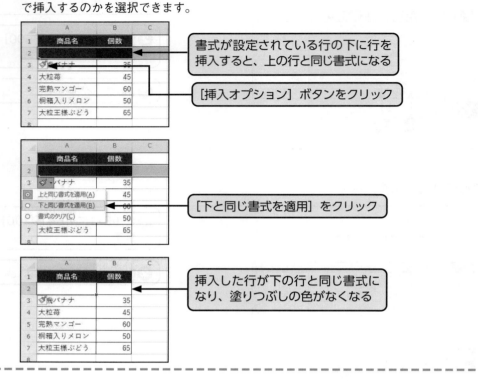

ヒント 書式なしコピー（フィル）

[オートフィルオプション]ボタンの▼をクリックし、[書式なしコピー（フィル）]をクリックすると、値や数式だけをコピーすることができます。

ワークシートの操作

Excelは、セルが集まった「ワークシート」で作業を行います。ワークシートは単に「シート」と呼ぶこともあります。新規に空白のブックを作成すると1枚のシートが開きますが、ブックには複数のシートを含めることができるので、関連する表や類似した表を1つのブック（ファイル）で扱うことができます。

これから以下のシートの操作を行います。

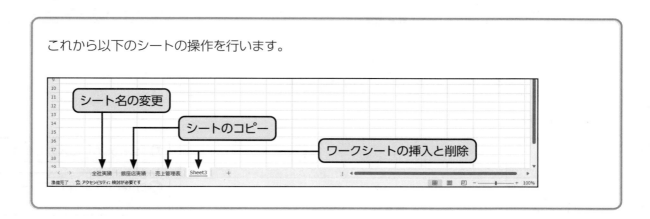

シート名の変更

新規に作成したブックには「Sheet1」という名前の付いたワークシートが作成されています。シート名はワークシートの下部の「シート見出し」に表示されます。このシート名は変更できます。あとで複数シートを扱う場合に備えて、内容に応じた適切なシート名に変更します。

> シートには内容がわかるような名前を付けましょう。シート名には、全角文字、半角文字、スペースが使用できます。名前を空にすることや「履歴」という名前を付けることはできません。
> シート名には、コロン(:)、円記号(¥)、スラッシュ(/)、疑問符(?)、アスタリスク(*)、角かっこ([])といった半角記号は使用できません。また、先頭と末尾をアポストロフィ(')にすることはできません。
> シート名に使用できる文字数は、スペースを含めて31文字以内（全角、半角ともに）です。

第4章 表の編集

操作 ☞ シート名を変更する

これまで操作していたシートが、全社の売上実績のシートだとわかるように、シート名を「全社実績」に変更しましょう。

Step 1 シート名を変更します。

❶シート見出し「Sheet1」をダブルクリックします。

❷シート名が反転します。

Step 2 新しいシート名を入力します。

❶「全社実績」と入力します。

❷Enterキーを押してシート名を確定します。

Step 3 シート名が「全社実績」に変更されたことを確認します。

ワークシートのコピーと移動

表の作成が終わったワークシートと類似のワークシートを作るときは、再度同じ作業をするより、ワークシートをコピーする方が効率的です。また、シートを移動することにより、ワークシートの並び順を変更することができます。なお、複数のシートがある場合、シート見出しをクリックすると表示されるシートが切り替わります。

操作 ☞ ワークシートをコピーする

個別の店舗の実績表を作成するために、「全社実績」シートをコピーしましょう。また、コピーしたシートの名前を「銀座店実績」に変更し、表の数値データを消去しましょう。

Step 1 ワークシートをコピーします。

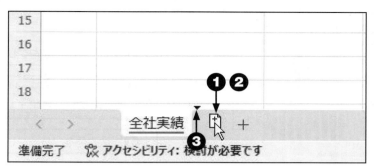

❶シート見出し「全社実績」をポイントし、**Ctrl**キーを押したままシート見出し「全社実績」の右側までドラッグします。

❷ドラッグ中は、ワークシートのコピーを表す が表示されます。

❸コピー先が▼で表示されます。

❹マウスのボタンを離し、**Ctrl**キーを離します。

Step 2 ワークシートが右隣にコピーされます。

❶自動的にシート名が「全社実績(2)」と付けられます。

💡 **ヒント**
ワークシートを移動するには
ワークシートを移動するときは、移動するシート見出しをクリックし、**Ctrl**キーを押さずにそのまま移動先までドラッグします。

Step 3 シート「全社実績(2)」のシート名を「銀座店実績」に変更します。

Step 4 表の数値データを消去します。

❶セルC5～E12を範囲選択します。

❷**Delete**キーを押します。

第4章 表の編集 | 111

ヒント シート見出しの色を変更するには

シート見出しには、色を付けることができます。シート見出しに色を付けると、シートを色ごとに分類したり、特定のシートを目立たせたりして、よりわかりやすくシートを管理できます。

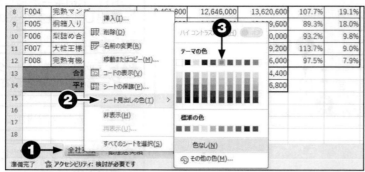

❶ シート見出しを右クリックします。
❷ ショートカットメニューの［シート見出しの色］をポイントします。
❸ 任意の色をクリックします。

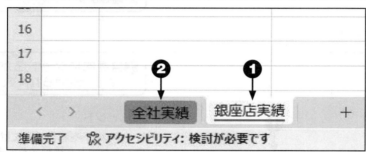

❶ 別のシートをクリックします。
❷ シート見出しの色が変わっていることを確認します。

ワークシートの挿入と削除

新規に空白のワークシートを挿入したり、不要なワークシートを削除したりできます。新規にワークシートを挿入すると現在表示しているシートの右隣に挿入され、シート名は「Sheet2」「Sheet3」というように自動的に付けられます。

操作 ワークシートを挿入する

形式の異なる売上管理表を作成するために、新規にワークシートを2枚追加して、1枚目のシート名を「売上管理表」に変更しましょう。

Step 1 ワークシートを挿入します。

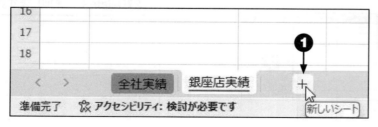

❶「銀座店実績」の右にある［新しいシート］ボタンをクリックします。

Step 2 新しいシートが挿入されます。

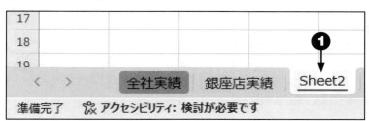

❶「銀座店実績」の右側に新しいシート「Sheet2」が追加されたことを確認します。

ヒント
挿入されるシート名
利用環境によっては、挿入されるシート名が「Sheet2」にならない場合があります。

Step 3 「Sheet2」のシート名を「売上管理表」に変更します。

Step 4 同様に、新しいワークシート「Sheet3」をもう1枚挿入します。

操作 ワークシートを削除する

不要なシート「Sheet3」を削除しましょう。

Step 1 ワークシートを削除します。

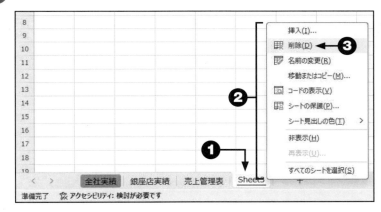

❶シート見出し「Sheet3」を右クリックします。

❷ショートカットメニューが表示されます。

❸[削除]をクリックします。

Step 2 ワークシートが削除されます。

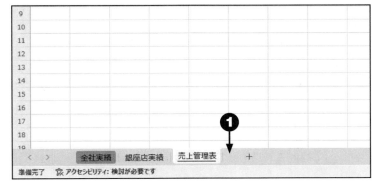

❶シート「Sheet3」が削除されたことを確認します。

Step 3 [上書き保存]ボタンをクリックしてブックを上書き保存し、ブックを閉じます。

ヒント データが入力されているシートを削除するには

データが入力されているシートを削除すると、削除の確認メッセージが表示されます。シートを完全に削除するには、[削除] をクリックします。

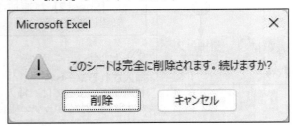

削除したシートは元に戻すことができないので、操作する際には十分に注意してください。

ヒント 複数シートの選択

Shiftキーを押しながらシート見出しをクリックすると、連続したシートを複数選択できます。**Ctrl**キーを押しながらシート見出しをクリックすると、連続していないシートを複数選択できます。

🛜 この章の確認

- ☐ 表の編集について理解できましたか？
- ☐ 列幅を手動で調整することができますか？
- ☐ 列幅を自動で調整することができますか？
- ☐ 複数の列幅を調整することができますか？
- ☐ 行を挿入することができますか？
- ☐ 行を削除することができますか？
- ☐ 書式の設定について理解できましたか？
- ☐ 罫線を引くことができますか？
- ☐ セル内の文字の配置を変更することができますか？
- ☐ セルを結合することができますか？
- ☐ セルに色を付けることができますか？
- ☐ フォントを変更することができますか？
- ☐ フォントサイズを変更することができますか？
- ☐ 文字列を太字にすることができますか？
- ☐ 数値に桁区切りのカンマ（,）を付けることができますか？
- ☐ 数値を％で表示することができますか？
- ☐ データを追加し、書式の自動設定を確認することができますか？
- ☐ シート名を変更することができますか？
- ☐ ワークシートをコピーすることができますか？
- ☐ ワークシートを挿入することができますか？
- ☐ ワークシートを削除することできますか？

復習問題 問題 4-1

表の列幅を変更し、表に1行追加してデータを入力しましょう。

1. ［復習問題］フォルダーに保存されているブック「復習4　商品別第2四半期売上実績」を開きましょう。

2. A列の列幅を「7.00」にしましょう。

3. B列の幅を自動調整しましょう。

4. C〜F列の幅を「9.50」にしましょう。

5. アイスカフェオレ（10行目）と合計（11行目）の間に、行を1行挿入しましょう。

第4章　表の編集　115

6. オートフィルの機能を使ってセルA11に「C006」を入力しましょう。

7. 挿入した行の各セルに、次のデータを入力しましょう。

B11	C11	D11	E11
キャラメルオレ	0	168200	485460

8. 2行目の空白行を削除しましょう。

問題 4-2

表に罫線を引きましょう。

1. セルA4～H10とセルA11～F12に「格子」の罫線を引きましょう。

2. セルA4～H10とセルA4～F12を「太い外枠」で囲みましょう。

3. セルA4～H4の下に「下二重罫線」を引きましょう。

問題 4-3

セル内の文字の配置、フォントとフォントサイズ、文字の書式を変更しましょう。

1. セルA4～H4の文字をセル内の中央に配置しましょう。

2. セルH2の文字を右端に配置しましょう。

3. セルA1～H1を結合し、セルA1の「商品別第2四半期売上集計表」を結合したセルの中央に配置しましょう。

4. セルA11～B11、セルA12～B12をそれぞれ結合し、文字列をそれぞれのセルの中央に配置しましょう。

5. セルA4～H4とセルA11～A12に［緑、アクセント6］の色を設定しましょう。

6. セルA1の「商品別第2四半期売上集計表」のフォントを［HGPゴシックE］、フォントサイズを［18］に変更しましょう。

7. セルA4～H4とセルA11～A12の文字を太字にしましょう。

8. セルC5～F12に桁区切りのカンマを設定しましょう。

9. セルG5～H10を小数点以下1桁の％表示に設定しましょう。

問題 4-4

表に1行追加して、データを入力しましょう。

1. アイスカフェオレ（9行目）とキャラメルオレ（10行目）の間に、行を1行挿入しましょう。

2. オートフィルの機能を使って、セルA10に「C006」と入力し、セルA11を「C007」に修正しましょう。

3. 挿入した行の各セルに、次のデータを入力しましょう。

B10	C10	D10	E10
アイスキャラメルオレ	671450	767650	0

4. B列の幅を自動調整しましょう。

	A	B	C	D	E	F	G	H
1		商品別第2四半期売上集計表						
2								単位：円
3								10月15日
4	商品CD	商品名	7月	8月	9月	合計	前月比	構成比
5	C001	ブレンドコーヒー	846,000	725,200	812,000	2,383,200	112.0%	31.2%
6	C002	炭焼コーヒー	175,600	178,800	184,000	538,400	102.9%	7.0%
7	C003	カフェオレ	131,040	153,600	181,920	466,560	118.4%	6.1%
8	C004	炭焼アイスコーヒー	352,800	343,800	341,550	1,038,150	99.3%	13.6%
9	C005	アイスカフェオレ	327,120	433,260	370,620	1,131,000	85.5%	14.8%
10	C006	アイスキャラメルオレ	671,450	767,650	0	1,439,100	0.0%	18.8%
11	C007	キャラメルオレ	0	168,500	485,460	653,960	288.1%	8.5%
12		合計	2,504,010	2,770,810	2,375,550	7,650,370		
13		平均	357,716	395,830	339,364	1,092,910		

問題 4-5

シート名の変更やシートの挿入や削除など、シートの操作を確認しましょう。

1. 「Sheet1」のシート名を「売上集計表」に変更しましょう。

2. シート「売上集計表」をコピーし、シート名を「第3四半期」に変更しましょう。

3. シート「第3四半期」の表のセルC5～E11の数値データを消去し、セルA1を「商品別第3四半期売上集計表」に修正しましょう。

4. シート「第3四半期」の表のセルC4に「10月」と入力し、オートフィルの機能を使ってセルD4～E4にコピーしましょう。

5. ワークシートを2枚挿入して、1枚目のシート名を「売上管理」に変更しましょう。

6. 2枚目のシート「Sheet3」を削除しましょう。

7. ブックを[保存用]フォルダーに保存して閉じましょう。

第5章

グラフ

- グラフの種類と用途
- グラフの作成
- グラフの編集

グラフの種類と用途

表のデータをわかりやすく見せるためには、グラフを作成すると効果的です。Excelでは、表のデータを基にグラフを簡単に作成することができます。Excel 2024では、データに応じた最適なグラフの候補が提示されるため、候補から選択するだけで、より簡単にグラフを作成することができます。最適なグラフの種類を選ぶことができるよう、グラフの用途を理解することが大切です。

Excelには、一般的によく使うグラフが標準グラフとして登録されています。そのほかに、自分で作成したグラフの種類を登録することもできます。
データの種類に適したグラフは、そのデータをわかりやすく表現するだけではなく、データ全体の傾向を把握して分析するときにも役立ちます。

■ おすすめグラフ

[挿入] タブの [おすすめグラフ] ボタンを使ってグラフを作成すると、選択したデータに応じてグラフの候補が提示されます。

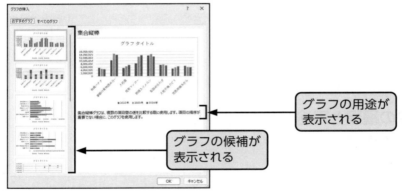

グラフの用途が表示される

グラフの候補が表示される

提示されたグラフの候補をクリックすると、グラフのサンプルと用途が表示され、最適なグラフを簡単に作成することができます。

■ 代表的なグラフの種類と用途

Excelに用意されているグラフの中から代表的なグラフを紹介します。グラフは、[挿入] タブのグラフの種類の各ボタンを使って作成することもできます。

グラフの種類	ボタン	用途
縦棒/横棒		縦棒グラフと横棒グラフは、項目間の比較に使用します。縦棒グラフは、データの推移なども表現できます。横棒グラフは、項目間の比較が強調されます。グラフの期間を表す場合や、項目の文字列が長い場合に使用すると、よりわかりやすく表現できます。 縦棒グラフと横棒グラフには、平面（2-D）と立体（3-D）のグラフがあり、積み上げグラフも作成できます。 積み上げグラフは、各項目と全体の関係を示します。
折れ線/面		折れ線グラフと面グラフは、データの時間的な変化や、各項目の全体的な傾向を表す場合に使用します。 折れ線グラフと面グラフには、平面（2-D）と立体（3-D）のグラフがあり、積み上げグラフも作成できます。

| 円または
ドーナツ | | 円グラフ、ドーナツグラフは項目の全体に対する割合を表す場合に使用します。円グラフには平面（2-D）と立体（3-D）の2種類があり、平面のグラフには補助円グラフ付きや補助縦棒付きもあります。 |

■ **グラフの種類を選択するポイント**

表のデータをわかりやすく見せるために、どのようなグラフを作成すると効果的かをよく考えて、目的に合わせたグラフを作成することが重要です。

項目ごとの数や量を比較して見せたいときは棒グラフを作成します。

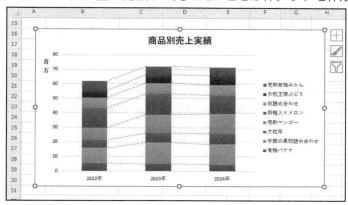

データの時間的な変化や、それぞれの項目の全体的な傾向を見せたいときは折れ線グラフを作成します。

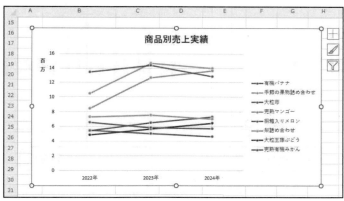

全体に対する割合、比率などを見せたいときは円グラフを作成します。

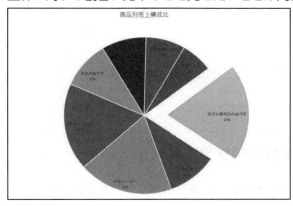

グラフの作成

グラフを作成するには、基となるデータを選択してから、［挿入］タブでグラフの種類を選びます。

■ **グラフ作成のポイント**
グラフを作成するには、まず、基になるデータを選択します。選択の際は、グラフの項目名として使用するセルと、数値データとして使用するセルを含めて範囲選択します。次に、［挿入］タブでグラフの種類を選択すると、グラフが作成できます。

■ **グラフと基のデータとの関係**
グラフと表のデータの間にはリンクが設定され、表のデータを変更するとグラフの内容も自動的に変更されます。

■ **グラフの選択**
グラフの余白部分をクリックするとグラフ全体（グラフエリア）が選択され、外枠の四隅と上下左右の中央にサイズ変更ハンドルが表示されます。グラフの内部をクリックすると、グラフ全体ではなくグラフの各要素が選択されます。

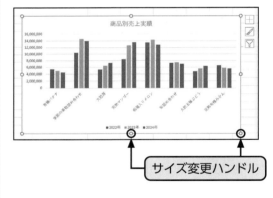
サイズ変更ハンドル

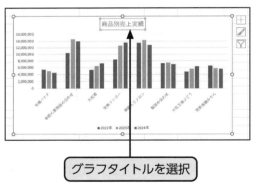
グラフタイトルを選択

棒グラフの作成

3年間の商品の売上を比較するために、縦棒グラフを作成しましょう。また、グラフを適切な場所に移動し、見やすい大きさにサイズを調整しましょう。

操作 おすすめグラフを使用して集合縦棒グラフを作成する

おすすめグラフを使用して、商品の売上を比較する集合縦棒グラフを作成しましょう。

Step 1 [Excel2024基礎] フォルダーにあるブック「商品別売上実績」を開きます。

Step 2 グラフにするデータの範囲を選択します。

① セルB4～E12をドラッグします。

② [挿入] タブをクリックします。

Step 3 [グラフの挿入] ダイアログボックスを開きます。

① [おすすめグラフ] ボタンをクリックします。

Step 4 集合縦棒グラフを選択します。

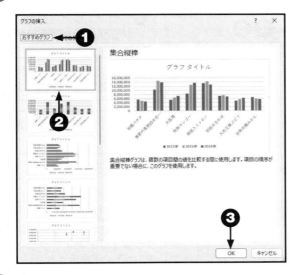

① [おすすめグラフ] が選択されていることを確認します。

② [集合縦棒] が選択されていることを確認します。

③ [OK] をクリックします。

💡 **ヒント**

おすすめグラフの種類
グラフの種類は、選択したデータに応じて、自動的にお薦めのグラフの種類が提示されます。提示されたグラフの種類をクリックして切り替えると、でき上がりのイメージを確認することができます。

Step 5 グラフが作成されます。

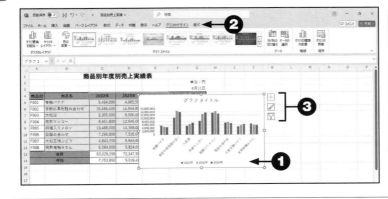

① 棒グラフが作成されたことを確認します。

② [グラフのデザイン] タブと [書式] タブが表示されたことを確認します。

③ グラフの右上に3つのボタンが表示されたことを確認します。

ヒント　グラフ操作専用のボタン
グラフを作成すると、右上に3つのボタンが表示されます。これらのボタンを使用すると、グラフ要素の追加やグラフの表示のカスタマイズなどの操作をすばやく行うことができます。

ヒント　グラフ機能専用のタブ
グラフを選択すると、[グラフのデザイン]タブと[書式]タブが表示されます。このように、必要な場合にだけ表示される特定機能専用のタブがあります。

ヒント　グラフを削除するには
グラフを削除するには、グラフを選択した状態で**Delete**キーを押します。

操作　グラフの移動とサイズの変更をする

グラフを挿入すると、既定の大きさで画面の中央に配置されます。グラフを適切と思われる場所に移動し、見やすい大きさにサイズを調整しましょう。

Step 1 グラフを移動します。

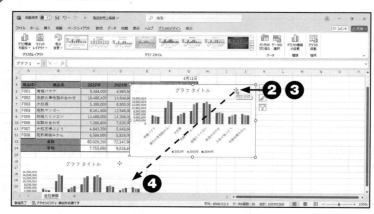

❶ 3行目がいちばん上になるまで下にスクロールします。

❷ グラフエリアと表示される位置をクリックして、グラフを選択します。

❸ マウスポインターの形が になっていることを確認します。

❹ グラフの左上隅がセルA16になるようにドラッグします。

Step 2 グラフが表の下に移動したことを確認します。

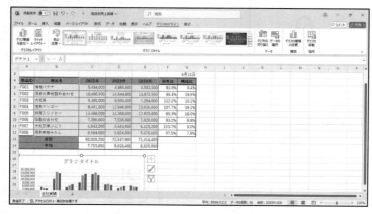

ヒント　グラフ化されているセル範囲
グラフエリアおよびグラフのプロットエリア(グラフが表示されている領域)を選択すると、表中のグラフ化されているセル範囲が色の付いた線で囲まれて表示されます。

Step 3 グラフの外枠をポイントします。

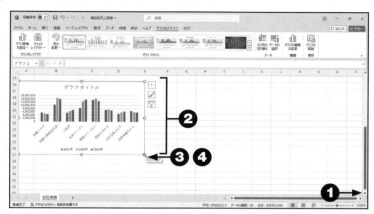

❶15行目がいちばん上になるまで下にスクロールします。

❷グラフが選択されていることを確認します。

❸グラフの外枠右下のサイズ変更ハンドルをポイントします。

❹マウスポインターの形が になっていることを確認します。

Step 4 グラフのサイズを変更します。

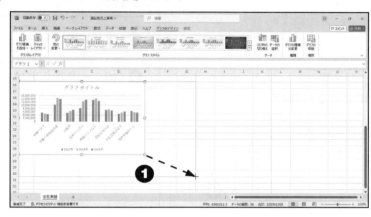

❶セルG30までドラッグします。

💡 ヒント
ドラッグ中のマウスポインターの形
グラフのサイズを変更するとき、グラフの外枠をドラッグしている間はマウスポインターの形が ＋ に変わります。

Step 5 グラフが大きくなったことを確認します。

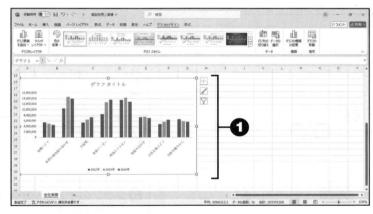

❶グラフの各要素の大きさが、自動的に拡大されていることを確認します。

💡 ヒント
グラフのサイズ変更
グラフの四隅をセルの境界線に合わせるには、**Alt**キーを押しながらサイズ変更ハンドルをドラッグします。

Step 6 グラフ以外の任意の場所をクリックし、グラフの選択を解除します。

💡 ヒント　グラフのサイズ変更
グラフ全体のサイズを変更するには、サイズ変更ハンドルをポイントし、マウスポインターの形が のいずれかに変わったら、矢印の方向へドラッグします。

第5章　グラフ　**125**

円グラフの作成

商品全体の売上合計に対する、各商品の売上比率をわかりやすく見せるために、円グラフを作成します。

操作 円グラフを作成する

2024年の商品の売上構成をわかりやすく見せるために、円グラフを作成し、縦棒グラフの下に移動しましょう。

Step 1 グラフにするデータの範囲を選択します。

❶表が表示されるまで上にスクロールします。

❷セルB4～B12をドラッグします。

❸**Ctrl**キーを押しながら、セルE4～E12をドラッグします。

❹[挿入] タブをクリックします。

Step 2 グラフの種類と形式を選択します。

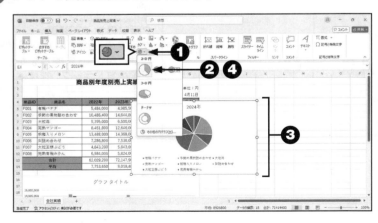

❶[円またはドーナツグラフの挿入] ボタンをクリックします。

❷[2-D 円] の一番左にある [円] をポイントします。

❸グラフのイメージが表示されたことを確認します。

❹[円] をクリックします。

Step 3 操作しやすいように画面を縮小します。

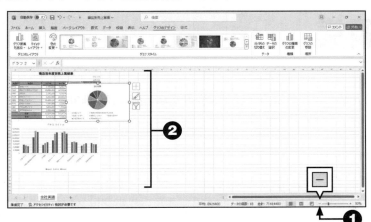

❶縮小ボタンを数回クリックして画面の表示倍率を50%に縮小します。

❷画面が縮小されます。

Step 4 グラフを移動します。

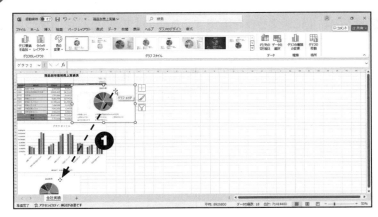

❶グラフの左上隅がセルA32になるようにドラッグします。

Step 5 グラフが縦棒グラフの下に移動したことを確認します。

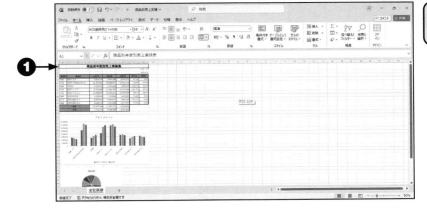

❶任意のセルをクリックして、グラフの選択を解除します。

Step 6 ⊞ 拡大ボタンを数回クリックして画面の表示倍率を100%に拡大します。

グラフの編集

より効果的なグラフにするために、グラフのデザインや書式などを編集します。

グラフを編集するには、まず、そのグラフを選択します。グラフを選択すると、グラフの右上に、グラフを編集するための3つのボタンが表示されます。また、リボンにグラフを編集するための2つのタブが表示されます。

■ グラフ専用のボタン

グラフを選択すると、グラフの右上に、グラフを編集するための[グラフ要素]、[グラフスタイル]、[グラフフィルター]の3つのボタンが表示されます。

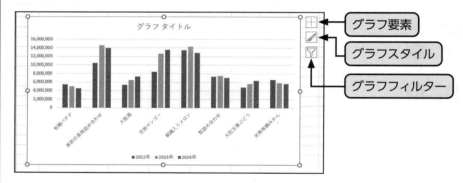

[グラフ要素]ボタンを使うと、グラフタイトルなどのグラフ要素の追加や削除、および変更を行うことができます。

[グラフスタイル]ボタンを使うと、グラフのスタイルと配色を設定することができます。

[グラフフィルター]ボタンを使うと、グラフにどの要素と名前を表示するかを編集することができます。

■ グラフ専用のタブ

グラフを選択すると表示される2つのタブを使って、グラフのデザインや書式の変更を行うことができます。[グラフのデザイン][書式]の2つのタブがあります。

[グラフのデザイン]タブでは、グラフのレイアウトや種類、スタイルなどを変更することができます。

[書式]タブでは、図形のスタイルや配置などを変更することができます。

■ グラフの構成要素

グラフに配置されている要素には、それぞれ名前が付いています。グラフの内部をポイントすると各要素の名前が表示され、クリックすると選択されます。また、[書式] タブにある、[グラフエリア] [グラフ要素] ボックスの▼のボタンをクリックして選択することもできます。それぞれの要素の書式は、[書式] タブの [選択対象の書式設定] ボタンで変更します。

■ グラフの構成要素の名称

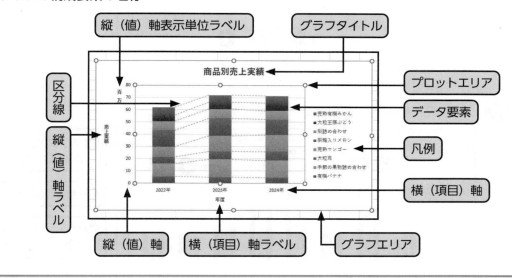

棒グラフの編集

棒グラフに適切なタイトルを付け、軸の表示単位を追加しましょう。

操作 グラフタイトルを変更する

棒グラフのグラフタイトルを「商品別売上実績」に変更しましょう。

Step 1 グラフタイトルを選択します。

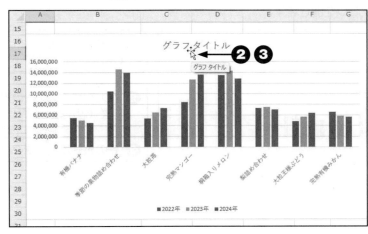

❶ 縦棒グラフ全体が表示されるまでスクロールします。

❷ グラフタイトルをポイントします。

❸ マウスポインターの形が の状態でクリックします。

第 5 章 グラフ　**129**

Step 2 グラフタイトルの文字を消去します。

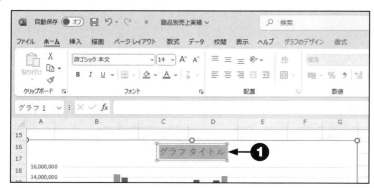

❶文字「グラフタイトル」をドラッグしてDeleteキーを押します。

Step 3 グラフタイトルを入力します。

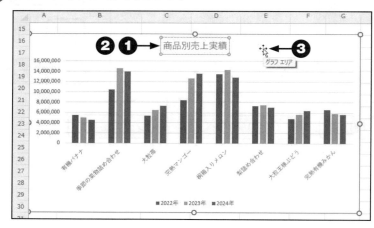

❶グラフのタイトル「グラフタイトル」が消去されたことを確認します。

❷「商品別売上実績」と入力します。

❸グラフエリアをクリックして、タイトルを確定します。

💡 **ヒント**　**グラフタイトルを削除するには**

グラフタイトルを削除するには、グラフタイトルを選択した状態で**Delete**キーを押すか、[グラフ要素] ボタンをクリックし、一覧の [グラフタイトル] チェックボックスをオフにします。

操作☞ 縦（値）軸の単位を変更する

縦（値）軸の単位を「百万」に変更し、ラベルを縦書きにしましょう。

Step 1 [軸の書式設定] 作業ウィンドウを開きます。

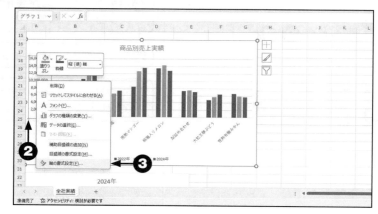

❶グラフが選択されていることを確認します。

❷マウスポインターの形が の状態で縦（値）軸を右クリックします。

❸[軸の書式設定] をクリックします。

Step 2 表示単位を変更します。

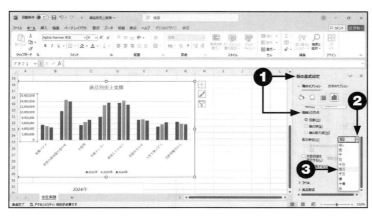

❶ [軸の書式設定] 作業ウィンドウが開き、[軸のオプション] が表示されていることを確認します。

❷ [表示単位] ボックスの▼をクリックします。

❸ 一覧の [百万] をクリックします。

Step 3 表示単位ラベル表示します。

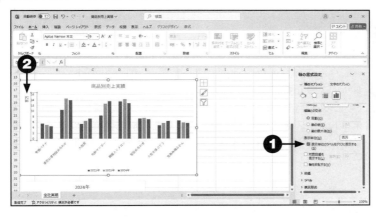

❶ [表示単位のラベルをグラフに表示する] チェックボックスがオンになっていることを確認します。

❷ 表示単位ラベルの [百万] をクリックします。

Step 4 表示単位ラベルの配置を変更します。

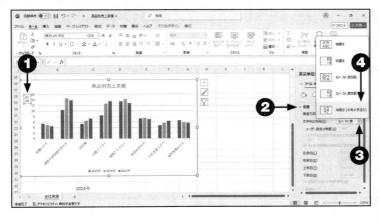

❶ [百万] が四角で囲まれたことを確認します。

❷ [ラベルオプション] の [サイズとプロパティ] をクリックし、[配置] に切り替わったことを確認します。

❸ [文字列の方向] ボックスの▼をクリックします。

❹ 一覧の [縦書き（半角文字含む）] をクリックします。

❺ 作業ウィンドウの閉じるボタンをクリックします。

💡 **ヒント**
グラフ要素の書式設定作業ウィンドウの表示
グラフ要素の書式設定作業ウィンドウは、選択したグラフ要素に応じて、自動的に切り替わります。

Step 5 表示単位ラベルが追加され、縦書きで配置されていることを確認します。

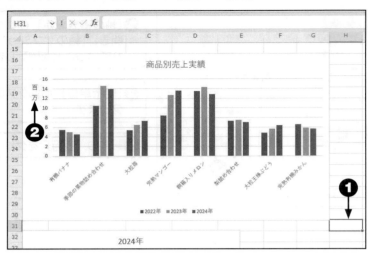

❶ グラフ以外の場所をクリックしてグラフの選択を解除します。

❷［百万］が縦書きで表示されていることを確認します。

💡 ヒント　よく使うグラフの編集方法

ここで操作を行ったもののほかに、よく使うグラフの編集方法を紹介します。

■ グラフの構成要素のフォントサイズの変更

フォントサイズを変更すると、グラフのバランスを整えて見やすくしたり、強調したい箇所を目立たせたりできます。グラフの構成要素のフォントサイズを変更するには、変更したい構成要素をクリックして四角で囲まれていることを確認します。［ホーム］タブの［フォントサイズ］ボックスの▼をクリックしてフォントサイズを変更します。

■ 軸の配置の変更

軸の配置を変更すると、項目名や数値をわかりやすく表示することなどができます。
軸の配置の変更手順は、以下のとおりです。

1. 縦（値）軸または横（項目）軸をクリックし、［グラフ要素］ボタンをクリックします。
2. ［軸］チェックボックスをポイントし右向きの三角のボタンをクリックし、［その他のオプション］をクリックして［軸の書式設定］作業ウィンドウの［軸のオプション］画面を開きます。
3. ［文字のオプション］をクリックし、［テキストボックス］ボタンをクリックして、［文字列の方向］ボックスの▼をクリックして一覧から任意の配置を選択します。

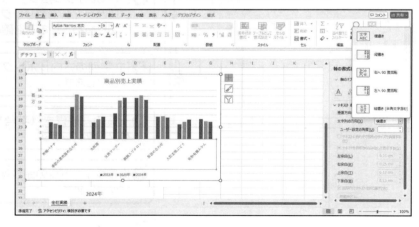

グラフの編集

■ 軸ラベルの追加

軸ラベルを追加すると、縦軸と横軸が何の値を表示しているのかがわかりやすくなります。
軸ラベルの追加手順は、以下のとおりです。

1. グラフを選択し、[グラフ要素]ボタンをクリックします。
2. [軸ラベル]チェックボックスをポイントし右向き三角のボタンをクリックし、[第1横軸]または[第1縦軸]チェックボックスをオンにして軸ラベルを追加します。
3. 軸ラベルの文字を入力します。

円グラフの編集

円グラフに適切なタイトルを付け、項目名とパーセンテージをグラフ内に表示しましょう。また、いちばん構成比率の多い商品を強調するためにグラフを回転させ、その商品のスタイルを変えてグラフから切り出しましょう。

操作 グラフタイトルを変更する

円グラフのグラフタイトルを「商品別売上構成比」に変更しましょう。

Step 1 グラフタイトルを消去します。

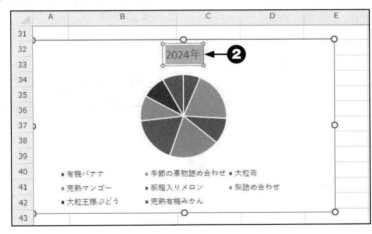

❶円グラフが表示されるまで下にスクロールします。

❷グラフタイトルの文字「2024年」を消去します。

Step 2 グラフタイトルを入力します。

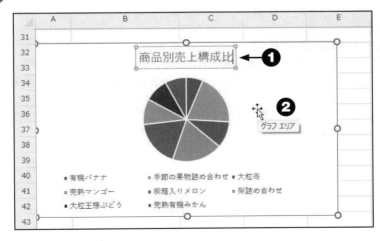

❶「商品別売上構成比」と入力します。

❷タイトルを確定します。

操作☞ グラフのレイアウトを変更する

円グラフのレイアウトを変更して、グラフ内に項目名とパーセンテージを表示しましょう。

Step 1 円グラフのレイアウトを変更します。

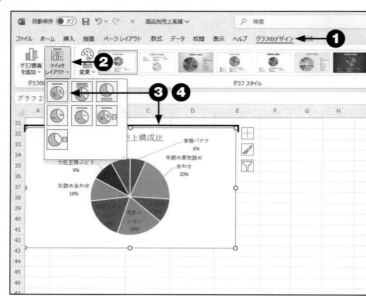

❶ [グラフのデザイン] タブをクリックします。

❷ [クイックレイアウト] ボタンをクリックします。

❸ [レイアウト1] をポイントし、レイアウトのイメージが表示されていることを確認します。

❹ [レイアウト1] をクリックします。

💡 **ヒント**
グラフのレイアウトの名前を確認するには
グラフのレイアウトをポイントして、1～2秒待つとポップヒントが表示され、グラフのレイアウトの名前を確認することができます。

Step 2 円グラフのレイアウトが変更されたことを確認します。

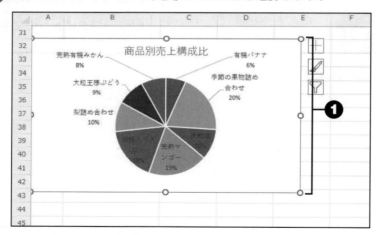

❶ 項目名とパーセンテージが表示されたことを確認します。

💡 **ヒント** **[グラフのレイアウト]グループでの設定について**
グラフに対して、凡例やデータラベルの表示などが定義されたグラフのレイアウトを適用することができます。グラフのレイアウトを変更すると、グラフの構成要素のレイアウトや表示/非表示を一度に設定することができます。

操作 円グラフを回転させる

円グラフを30度回転させて、いちばん構成比の大きい、「季節の果物詰め合わせ」を右側の中央に配置しましょう。

Step 1 [データ系列の書式設定] 作業ウィンドウを開きます。

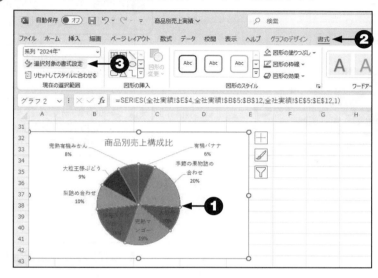

❶円グラフの円の部分（データ系列）をクリックします。

❷[書式] タブをクリックします。

❸[選択対象の書式設定] ボタンをクリックします。

Step 2 円グラフを回転させます。

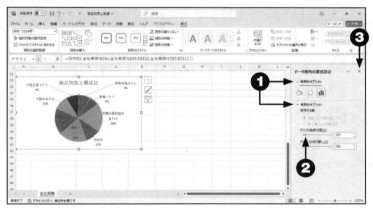

❶[系列のオプション] が表示されていることを確認します。

❷[グラフの基線位置] のスライダーを「30°」になるまでドラッグします。

❸閉じるボタンをクリックします。

💡 **ヒント**

グラフの基線位置を数値で指定するには
グラフの基線位置のテキストボックスに直接数値を入力します。「°」は自動的に付きます。

Step 3 円グラフが回転したことを確認します。

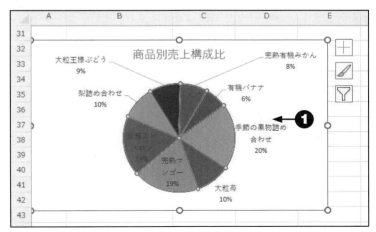

❶円グラフが回転し、「季節の果物詰め合わせ」の位置が右側の中央に配置されたことを確認します。

💡 **ヒント**

グラフの回転を戻すには
[データ系列の書式設定] 作業ウィンドウを開いて、[系列のオプション] を表示し、[グラフの基線位置] を「0°」にします。

操作 ☞ 1つのデータ系列の図形のスタイルを変更する

データ系列「季節の果物詰め合わせ」の図形のスタイルを変更しましょう。

Step 1 図形のスタイルを変えたいデータ系列を選択します。

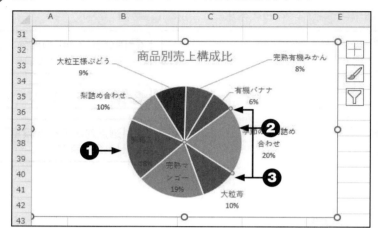

❶ 円グラフのデータ系列全体が選択されていることを確認します。

❷「季節の果物詰め合わせ」のデータ系列をクリックします。

❸「季節の果物詰め合わせ」のデータ系列だけにハンドルが表示されたことを確認します。

Step 2 データ系列の図形のスタイルを変更します。

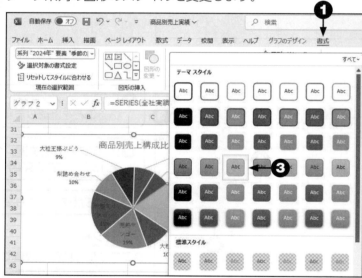

❶ [書式] タブが選択されていることを確認します。

❷ [図形のスタイル] の ▽ [クイックスタイル] ボタンをクリックします。

❸ [パステル-オレンジ、アクセント2] をクリックします。

💡 **ヒント**
図形のスタイル
図形のスタイルを使用すると、図形の塗りつぶしや枠線、フォントの色などを一度にまとめて設定することができます。

Step 3 データ系列「季節の果物詰め合わせ」の図形のスタイルが変更されたことを確認します。

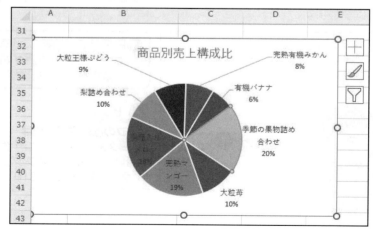

操作 1つのデータ系列を切り出す

「季節の果物詰め合わせ」を切り出して強調しましょう。

Step 1 [データ要素の書式設定] 作業ウィンドウを開きます。

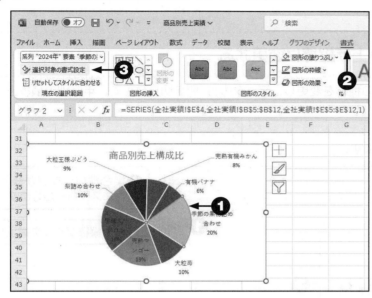

① 「季節の果物詰め合わせ」のデータ系列だけが選択されていることを確認します。

② [書式] タブが選択されていることを確認します。

③ [選択対象の書式設定] ボタンをクリックします。

Step 2 1つのデータ系列を切り出します。

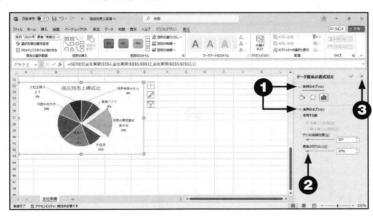

① [系列のオプション] が表示されていることを確認します。

② [要素の切り出し] のスライダーを「30%」になるまでドラッグします。

③ 閉じるボタンをクリックします。

Step 3 1つのデータ系列が切り出されたことを確認します。

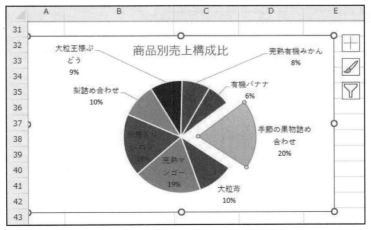

💡 **ヒント**

1つのデータ系列をドラッグで切り離すには
[データ要素の書式設定] ウィンドウを使わずに切り離すこともできます。データ系列を1つだけ選択してから、切り離したい位置までドラッグします。

💡 **ヒント**

データ系列の切り出しを戻すには
[データ要素の書式設定] 作業ウィンドウを開いて、[系列のオプション] を表示し、[要素の切り出し] を「0%」にします。

グラフの種類の変更

作成したグラフの種類は、後から変更することができます。商品別の集合縦棒グラフを年度別の積み上げ縦棒グラフに変更し、区分線を付けましょう。さらにグラフのスタイルや凡例の位置を変更して見やすいグラフに整えましょう。

操作 ☞ グラフの種類を積み上げ縦棒に変更する

商品別の集合縦棒グラフの種類を変更し、データの行/列を切り替えて、年度別の積み上げ縦棒グラフに変更しましょう。

Step 1 集合縦棒グラフを選択します。

❶集合縦棒グラフが表示されるまで上にスクロールします。

❷集合縦棒グラフを選択します。

Step 2 [グラフの種類の変更] ダイアログボックスを開きます。

❶[グラフのデザイン] タブをクリックします。

❷[グラフの種類の変更] ボタンをクリックします。

Step 3 グラフの種類を変更します。

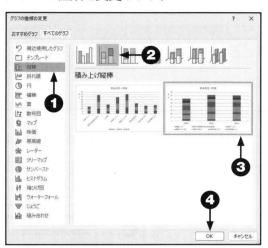

❶ [縦棒] が選択されていることを確認します。

❷ 左から2列目の [積み上げ縦棒] をクリックします。

❸ 右側の年度別の積み上げ縦棒グラフをクリックします。

❹ [OK] をクリックします。

Step 4 グラフの種類が変更されたことを確認します。

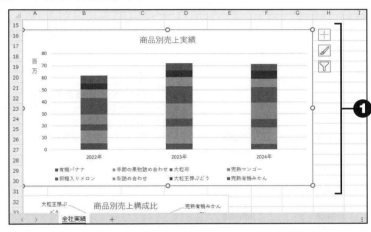

❶ グラフの種類が年度別の積み上げ縦棒に変更されたことを確認します。

💡 ヒント　グラフの行/列を切り替えるには

すでにグラフを作成していて、後からデータの行/列を切り替える場合は、[グラフのデザイン] タブにある [行/列の切り替え] ボタンをクリックします。

操作 ☞ 積み上げ縦棒グラフに区分線を付ける

積み上げ縦棒グラフに区分線を付けて、商品ごとの推移をわかりやすくしましょう。

Step 1 積み上げ縦棒グラフに区分線を付けます。

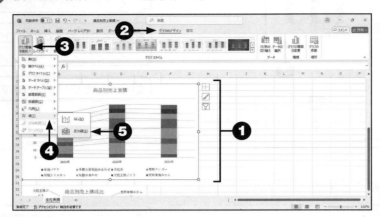

① 積み上げ縦棒グラフが選択されていることを確認します。

② [グラフのデザイン] タブが選択されていることを確認します。

③ [グラフ要素を追加] ボタンをクリックします。

④ [線] をポイントします。

⑤ [区分線] をクリックします。

Step 2 積み上げ縦棒グラフに区分線が付いたことを確認します。

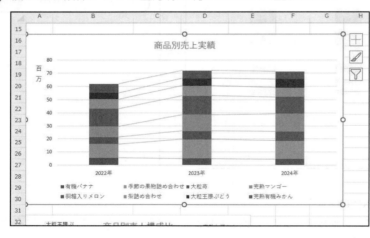

💡 **ヒント**
区分線を解除するには
[グラフのデザイン] タブの [グラフ要素を追加] ボタンをクリックし、[線] の [なし] をクリックします。

操作 ☞ グラフスタイルを変更する

Step 1 グラフスタイルを変更します。

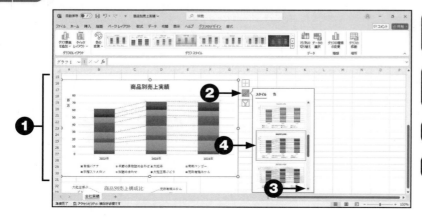

① グラフが選択されていることを確認します。

② [グラフスタイル] ボタンをクリックします。

③ 下にスクロールします。

④ [スタイル6] をクリックします。

操作 凡例の位置を変更する

凡例の位置を右側に変更しましょう。

Step 1 凡例の位置を変更します。

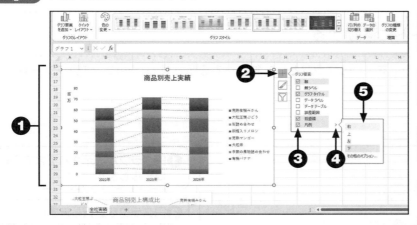

❶ グラフが選択されていることを確認します。

❷ [グラフ要素] ボタンをクリックします。

❸ [凡例] チェックボックスをポイントします。

❹ 右向き三角ボタンをクリックします。

❺ [右] をクリックします。

Step 2 凡例の位置が変わったことを確認します。

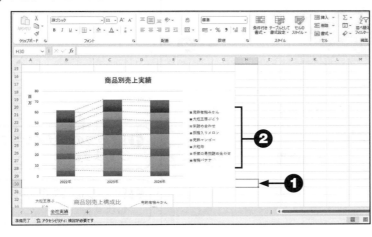

❶ グラフ以外の任意の場所をクリックしてグラフの選択を解除します。

❷ 凡例がグラフの右側に表示されていることを確認します。

ヒント　グラフフィルター

グラフフィルターを使うと、グラフに特定の商品だけを表示したり、特定の年度だけを表示したりすることができます。[グラフフィルター] ボタンをクリックし、グラフに表示/非表示したいデータ系列やカテゴリなどのチェックボックスをオンまたはオフにして [適用] をクリックします。

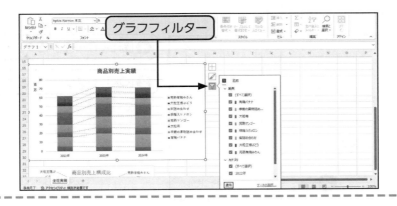

第5章　グラフ　141

グラフの場所の変更

グラフを表と別にして、単独のワークシートに表示させたい場合には、グラフの場所をグラフシートに移動することができます。

操作☞ グラフをグラフシートに移動する

商品別売上構成比の円グラフを1つのグラフとして独立して表示させるために、グラフシートに移動しましょう。

Step 1 円グラフを選択します。

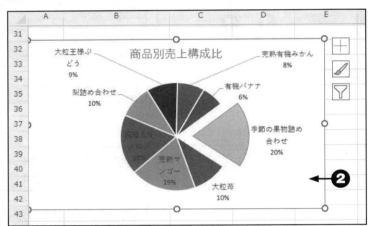

❶円グラフが表示されるまで下にスクロールします。

❷円グラフを選択します。

Step 2 [グラフの移動] ダイアログボックスを開きます。

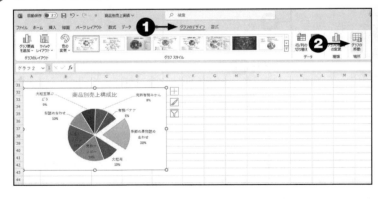

❶[グラフのデザイン] タブをクリックします。

❷[グラフの移動] ボタンをクリックします。

Step 3 グラフの場所を変更します。

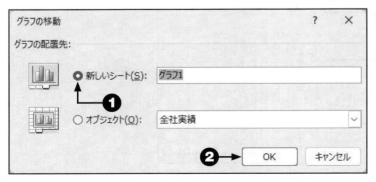

❶[新しいシート] をクリックします。

❷[OK] をクリックします。

Step 4 グラフが新しいシートに表示されます。

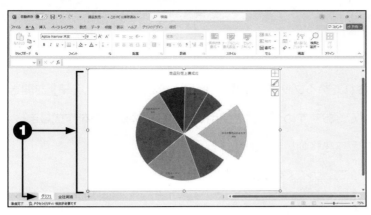

❶ グラフがシート［グラフ1］に移動したことを確認します。

💡 **ヒント**
グラフシートの名前
グラフシートには、自動的に「グラフ1」という名前が付きますが、ワークシートと同様にわかりやすい名前に変更できます。

Step 5 ブックを［保存用］フォルダーに保存して閉じます。

📶 この章の確認

- ☐ グラフの種類と用途について理解できましたか？
- ☐ 縦棒グラフを作成することができますか？
- ☐ グラフの移動とサイズ変更をすることができますか？
- ☐ 円グラフを作成することができますか？
- ☐ グラフタイトルを変更することができますか？
- ☐ 縦（値）軸の単位を変更することができますか？
- ☐ グラフのレイアウトを変更することができますか？
- ☐ 円グラフを回転させることができますか？
- ☐ 1つのデータ系列の図形のスタイルを変更することができますか？
- ☐ 1つのデータ系列を切り出すことができますか？
- ☐ グラフの種類を変更することができますか？
- ☐ 積み上げ縦棒グラフに区分線を付けることができますか？
- ☐ グラフスタイルを変更することができますか？
- ☐ 凡例の位置を変更することができますか？
- ☐ グラフをグラフシートに移動することができますか？

問題 5-1

縦棒グラフを作成しましょう。

1. [復習問題] フォルダーに保存されているブック「復習5　商品別第2四半期売上実績」を開きましょう。
2. セルB4～E11のデータを基にして、おすすめグラフを使用して集合縦棒グラフを作成しましょう。
3. セルA15を基点とする場所にグラフを移動しましょう。
4. グラフをセルH29までドラッグして、サイズを変更しましょう。

問題 5-2

円グラフを作成しましょう。

1. セルB4～B11とセルF4～F11を基にして3-D円グラフを作成しましょう。
2. 画面の拡大/縮小機能を活用し、セルA31を基点とする場所にグラフを移動しましょう。

問題 5-3

縦棒グラフを編集しましょう。

1. 縦棒グラフのタイトルを「第2四半期売上実績」に変更しましょう。
2. 縦軸の単位を「十万」に変更し、ラベルを縦書き（半角文字含む）にしましょう。
3. グラフの種類を月別の積み上げ縦棒グラフに変更しましょう。
4. 積み上げ縦棒グラフに区分線を付けましょう。
5. グラフスタイルを［スタイル6］に変更しましょう。
6. 凡例の位置をグラフの右側に変更しましょう。

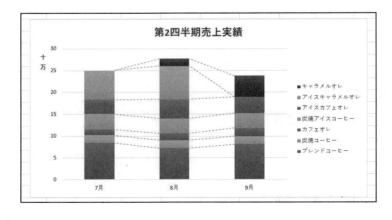

問題 5-4

円グラフを編集し、グラフシートに移動しましょう。

1. 円グラフのタイトルを「売上構成比」に変更しましょう。

2. 円グラフのレイアウトを［レイアウト1］に変更しましょう。

3. 円グラフを40度回転させて、いちばん売上構成比の大きい、「ブレンドコーヒー」を右側の中央に配置しましょう。

4. 「ブレンドコーヒー」のデータ系列の図形のスタイルを［パステル-濃い青緑、アクセント1］に変更しましょう。

5. 「ブレンドコーヒー」のデータ系列を40%切り出しましょう。

6. 円グラフをグラフシートに移動しましょう。

7. ブックを［保存用］フォルダーに保存して閉じましょう。

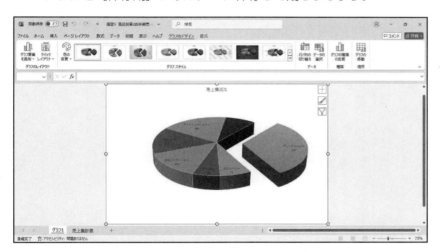

第6章

データベース

■ データベースとは
■ テーブル機能
■ データの並べ替え
■ 集計行の追加
■ データの抽出（フィルター）

データベースとは

Excelでは、先頭行が見出しで2行目以降がデータという形式のセル範囲に対して、テーブルに変換したり、並べ替えや抽出などのデータベース機能を使用したりすることができます。「テーブル」とは、データベース機能の1つで、データの書式設定や整理、表示、およびデータベースとしての分析などを簡単に行う機能です。

■ データベースとして扱える形式
原則として、先頭行が見出しで2行目以降がデータという形式の表に対して、データベース機能を使用することができます。

■ データベース機能で使われる用語
データベース用語では、列を「フィールド」といい、行を「レコード」といいます。また、各列の見出し(列見出し)を「フィールド名」といいます。

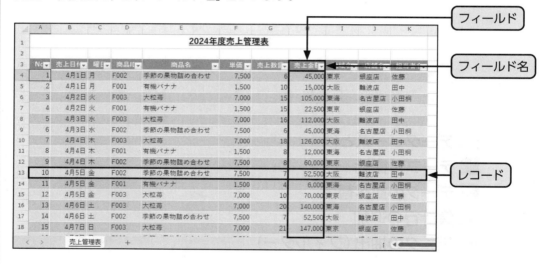

■ データベース範囲の自動認識
データベース機能の操作をする場合、データベース内の1つのセルをクリックするだけで、データベース範囲が自動的に認識されます。データベースの操作を行う前に、必ずデータベース内の任意のセルをアクティブにします。

■ データベース作成時のポイント
データベースを作成する場合は次の点に注意します。
①データベースの構成について
・データベースとして扱うセル範囲と他のセル範囲の間に、空白列や空白行を少なくとも1つずつ挿入する。
・データベースの左右にはなるべくデータを入力しない(並べ替えや抽出の操作によって位置が変わったり非表示になったりするため)。
②列見出し(フィールド名)について
・列見出しは、セル範囲の先頭行に作成する。

・列見出しは、1行に入力する。
・列見出しとデータを区切る場合は、空白行を挿入するのではなく、罫線や塗りつぶしの色やフォントなどの書式を設定して、列見出しとデータが区別できるようにする。

③列（フィールド）と行（レコード）について
・どの行でも、同じ列に同じ種類の項目が入力されるようにデータベースを設計する。
・セルの先頭や末尾に余分なスペースを挿入しないようにする。
・同じ列のセルには、同じ書式を設定する。
・数値として保存されている数字と文字列として保存されている数字が混在しないようにセルの表示形式を統一する。

■ 通常のセル範囲とテーブル

データベースとして扱える表で、テーブルに変換する前の状態を「（セル）範囲」と呼びます。セル範囲に対してもデータの並べ替えやデータの抽出などのデータベース機能を使うことができますが、テーブルに変換すると、さらに簡単に、データの書式設定やデータベース機能を使用することができます。

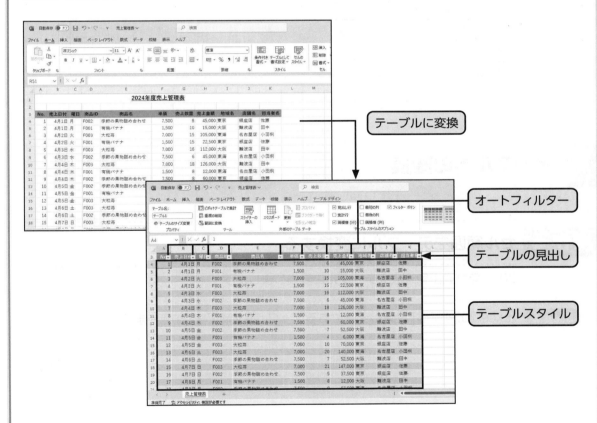

■ 通常のセル範囲と比べたテーブルの利点
・自動的にオートフィルターが有効になる。
・テーブルスタイルで簡単に書式設定をすることができる。
・行数の多い縦に長い表を下にスクロールするときに、表の列見出しが自動的にテーブルの見出しとして設定される。また、オートフィルターの▼も表示されたままになるので、上部までスクロールしなくても、データをすばやく並べ替えたり抽出したりできる。
・データ追加時に、テーブルの範囲が自動的に拡張される。

テーブル機能

データベース機能の1つに「テーブル機能」があります。セル範囲をテーブルに変換すると、データベースとして扱いやすくなり、データの管理や分析を簡単に行えるようになります。

■ **テーブルの特徴**
テーブルに変換すると、データの並べ替えやフィルター、書式設定などが簡単に行えるようになり、データベース機能を簡単に使用できます。

■ **[テーブルデザイン]タブ**
テーブル内のセルをアクティブにすると、リボンに[テーブルデザイン]タブが表示され、テーブルの書式設定を簡単に行うことができます。

テーブルへの変換

操作 セル範囲をテーブルに変換する

2024年度売上管理表をテーブルに変換しましょう。

Step 1 [Excel2024基礎]フォルダーにあるブック「売上管理表」を開きます。

Step 2 [テーブルの作成] ダイアログボックスを開きます。

❶ 表内の任意のセルをクリックします。

❷ [挿入] タブをクリックします。

❸ [テーブル] ボタンをクリックします。

Step 3 テーブルに変換する範囲を確認します。

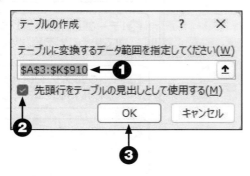

❶ [テーブルに変換するデータ範囲を指定してください] ボックスに「$A$3:$K$910」と表示されていることを確認します。

❷ [先頭行をテーブルの見出しとして使用する] チェックボックスがオンになっていることを確認します。

❸ [OK] をクリックします。

Step 4 セル範囲がテーブルに変換されたことを確認します。

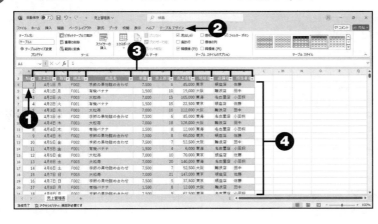

❶ テーブル内の任意のセルをクリックします。

❷ [テーブルデザイン] タブが表示されていることを確認します。

❸ 列見出しの各セルに▼が表示されていることを確認します。

❹ テーブルの書式が設定されていることを確認します。

💡 **ヒント** **列見出しの塗りつぶし**

ここで使用している実習用ブックの列見出しには、あらかじめ塗りつぶしの色が設定されています。そのため、列見出しの各セルには、テーブルスタイルの見出しの色が反映されません。

第 6 章 データベース 151

テーブルスタイルの変更

テーブルスタイルを使ってテーブルに複数の書式を一度に設定することができます。

操作☞ テーブルスタイルを変更する

列見出しとデータの配色を整えるために、テーブルスタイルを変更しましょう。

Step 1 テーブルのスタイルを変更します。

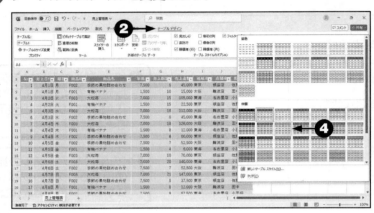

❶テーブル内の任意のセルがアクティブになっていることを確認します。

❷[テーブルデザイン]タブが表示されていることを確認します。

❸[テーブルスタイル]の[クイックスタイル]ボタンをクリックします。

❹[中間]の[オレンジ, テーブルスタイル(中間)10]をクリックします。

Step 2 テーブルのスタイルが変わったことを確認します。

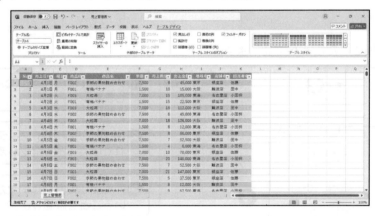

💡 ヒント
テーブルのスタイルをクリアするには
テーブル内のセルをアクティブにし、[テーブルデザイン]タブをクリックします。[テーブルスタイル]の[クイックスタイル]ボタンをクリックし、スタイルの一覧の[クリア]をクリックします。

💡 ヒント テーブルスタイルのオプション
テーブルスタイルのオプションを使うと、テーブルスタイルをカスタマイズできます。縞模様(行)、縞模様(列)、最初の列、最後の列のオン/オフなどを設定できます。

ヒント　テーブルを範囲に変換

テーブルの機能を使わなくなった場合などに、テーブルを通常のセル範囲に変換することもできます。

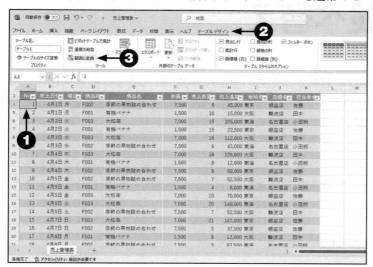

❶ テーブル内の任意のセルをアクティブにします。

❷ [テーブルデザイン] タブが表示されていることを確認します。

❸ [範囲に変換] ボタンをクリックします。

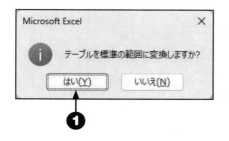

❶ 「テーブルを標準の範囲に変換しますか？」という確認メッセージが表示されたら、[はい] をクリックします。

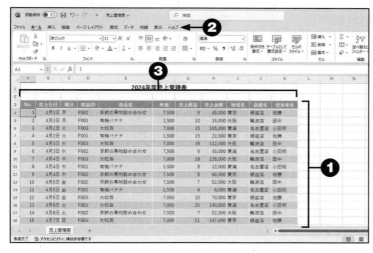

❶ テーブルがセル範囲に変換されます。

❷ [テーブルデザイン] タブが表示されていないことを確認します。

❸ 列見出しの各セルに▼が表示されていないことを確認します。

なお、テーブル変換時に適用されたセルの塗りつぶしなどのテーブルのスタイルは、テーブルを通常のセル範囲に戻しても解除されません。セルの塗りつぶしや罫線などの書式は、範囲に変換する前にクリアするか、変換後に個別に解除する必要があります。

データの並べ替え

データの並べ替えは、データを分析するための重要な作業の1つです。任意の項目（列、フィールド）を基準にして、セル範囲やテーブルのデータ（行、レコード）を並べ替えることができます。

データ（データベースのレコード）は、昇順または降順で並べ替えることができます。データを並べ替えることで、データの特徴を把握したり、データを整理して分析しやすくすることなどができます。

■ 既定の並べ替え順序について

値	昇順	降順
数値	負の最小値から正の最大値の順	昇順の逆
日付	最も古い日付から最も新しい日付の順	
文字列	文字列、および文字列として格納された数字を含む文字列は次の順 ・かな 　「あ」～「ん」の順 ・英数字、記号 　0123456789（スペース）!"#$%&()*,./:;?@[]^_`{|}~+<=>¥ABCDEFGHIJKLMNOPQRSTUVWXYZ ・クォーテーション（'）とハイフン(-)は無視される。ただし、ハイフン以外は同じ文字からなる文字列がある場合は、ハイフンを含む文字列が後に配置される	
論理値	FALSE、TRUEの順	
エラー値	#NUM!、#REFなどのエラー値は等しく扱われるため、元の並び順と同じ順序で配置される	
空白セル	常に最後	

※独自に作成したユーザー設定リストで並べ替えを行った場合は、そのユーザー設定リストの順に並べ替えられます（この並べ替えについては応用で扱います）。

■ 並べ替えの方法
並べ替えには次の2つの方法があります。
・1つの項目を基準に並べ替える
・複数の項目を基準に並べ替える

■ 並べ替えの基準にできる項目数
1回の並べ替えでは、基準となる項目（フィールド）を64項目まで指定できます。

操作 1つの項目を基準に並べ替える

売上金額の大きい順に表示するために、データ（レコード）を売上金額の降順で並べ替えましょう。

Step 1 売上金額の大きい順にデータを並べ替えます。

❶ テーブル内の任意のセルをアクティブにします。

❷ 列「売上金額」の▼をクリックします。

❸ [降順] をクリックします。

Step 2 売上金額の大きい順にデータが並べ替えられたことを確認します。

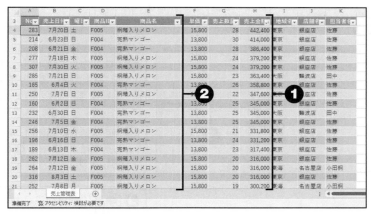

❶ 売上金額の降順（大きい順）に、レコードが並べ替えられていることを確認します。

❷「桐箱入りメロン」と「完熟マンゴー」の売上金額が大きいことが確認できます。

💡 ヒント
並べ替えた列の▼ボタンの表示
データを並べ替えると、▼ボタンの表示が に変わります。

💡 ヒント　セル範囲の並べ替え
データベースとして扱えるセル範囲は、テーブルに変換しなくても、セル範囲のままで並べ替えを行うことができます。
並べ替えの基準にする列内の任意のセルをクリックし、[ホーム] タブの [並べ替えとフィルター] ボタンをクリックし、[昇順] または [降順] をクリックします。そのほか [データ] タブの [昇順] ボタンまたは [降順] ボタンをクリックしても同様です。

第6章　データベース

操作 複数の項目を基準に並べ替える

それぞれの店舗ごとに商品別に表示するために、店舗名と商品名の昇順で並べ替えましょう。

Step 1 テーブル内の任意のセルをアクティブにします。

Step 2 [並べ替え] ダイアログボックスを開きます。

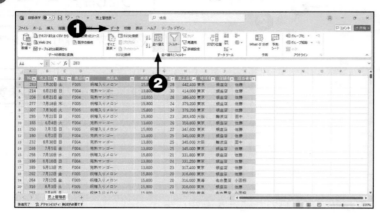

❶ [データ] タブをクリックします。

❷ [並べ替え] ボタンをクリックします。

Step 3 並べ替えの条件を変更します。

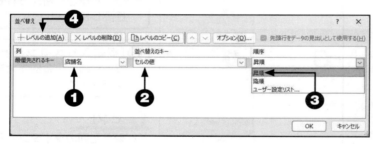

❶ [最優先されるキー] ボックスの▼をクリックし、[店舗名] をクリックします。

❷ [並べ替えのキー] ボックスに [セルの値] と表示されていることを確認します。

❸ [順序] ボックスの▼をクリックし、[昇順] をクリックします。

❹ [レベルの追加] をクリックします。

💡 ヒント
並べ替え範囲の先頭行
Excelは、並べ替えの範囲の先頭行に列見出しがあるかどうかを自動的に認識します。列見出しがある場合は、[先頭行をデータの見出しとして使用する] チェックボックスがオンになり、先頭行が並べ替えの対象外になります。

Step 4 並べ替えの条件を追加します。

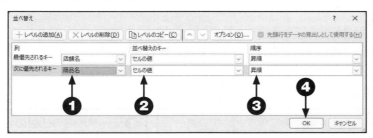

❶ [次に優先されるキー] ボックスの ▼をクリックし、一覧の [商品名] をクリックします。

❷ [並べ替えのキー] ボックスに [セルの値] と表示されていることを確認します。

❸ [順序] ボックスに [昇順] と表示されていることを確認します。

❹ [OK] をクリックします。

Step 5 レコードが指定した順序で並べ替えられたことを確認します。

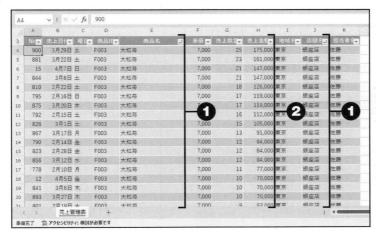

❶ 店舗名と商品名の昇順（五十音順）に並べ替えられていることを確認します。

❷ 同じ店舗の同じ商品であれば、売上金額の降順に並んでいることを確認します。

💡 **ヒント**
並べ替え結果について
Excelで2回以上並べ替えを行った場合は、1回目に行った並べ替えの結果が有効な状態で次の並べ替えが行われます。ここでは同じ店舗名で同じ商品名であれば、売上金額は降順になります。

💡 **ヒント**　**五十音順の並べ替え**
日本語の並べ替えは、既定ではふりがな（入力時の読み情報）を使って行われます。ふりがなが使われていることを確認するには、[データ] タブの [並べ替え] ボタンをクリックして [並べ替え] ダイアログボックスを開き、[オプション] ボタンをクリックして [並べ替えオプション] ダイアログボックスを開きます。[方法] の [ふりがなを使う] が選択されていれば、ふりがなの五十音順で並べ替えられます。

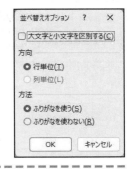

💡 **ヒント**　**65項目以上のフィールドをキーとして並べ替えるには**
1回の並べ替えでキーとして指定できるフィールドは、64項目までです。65項目以上のフィールドをキーとしてレコードを並べ替えたい場合は、複数回に分けて並べ替えます。並べ替えのキーを優先度の高い方から64項目ずつに分け、優先度が低いキーのグループから順に並べ替えを行います。

第6章 データベース

操作 並べ替えを元に戻す

元の順序に戻すために、No.(通し番号のフィールド)で並べ直しましょう。

Step 1 データの順序を元に戻します。

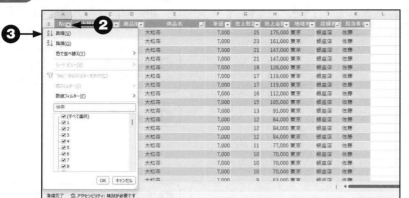

❶テーブル内の任意のセルをアクティブにします。

❷列「No.」の▼をクリックします。

❸[昇順]をクリックします。

Step 2 No.の小さい順にデータが並べ替えられたことを確認します。

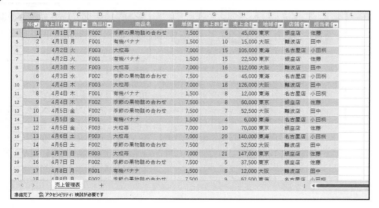

💡ヒント　レコードの順序を元に戻すには

何度も並べ替えを行うと、操作前のレコードの順序に戻せなくなる場合があります。操作を始める前に、「No.」のような列を作ってレコードに通し番号を付けておくと、通し番号のフィールドを昇順に並べ替えることにより、操作前のレコードの順序に戻すことができます。

集計行の追加

テーブルの末尾に集計行を追加して、簡単に合計や平均を表示することができます。

[テーブルデザイン] タブの [集計行] チェックボックスをオンにすると、集計行を表示できます。集計する項目や集計方法をドロップダウンリストで設定することができます。

操作 テーブルに集計行を追加する

集計行を表示して、売上金額の合計を表示しましょう。売上金額の合計を確認したら、集計行を非表示にしましょう。

Step 1 テーブルに集計行を追加します。

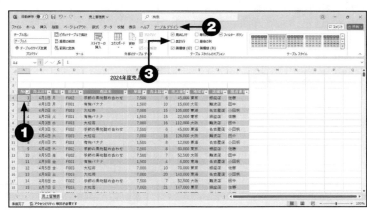

❶テーブル内の任意のセルをアクティブにします。

❷[テーブルデザイン] タブをクリックします。

❸[集計行] チェックボックスをオンにします。

第6章 データベース

Step 2 テーブルに集計行が追加されたことを確認します。

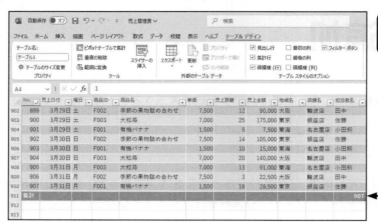

❶集計行がテーブルの最終行に追加されていることを確認します。

Step 3 売上金額の集計をします。

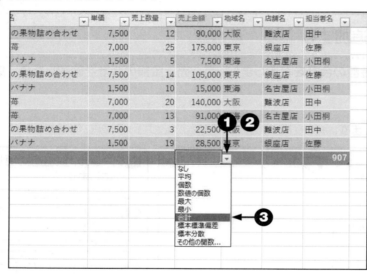

❶集計行の売上金額のセルをクリックします。

❷セルの▼をクリックします。

❸一覧の[合計]をクリックします。

Step 4 列幅を広げ、合計金額を確認します。

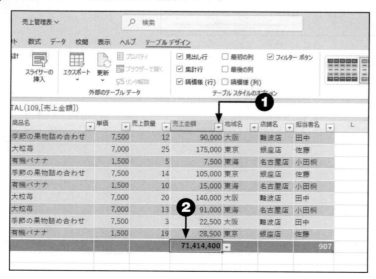

❶売上金額の列幅を自動調整します。

❷集計行の売上金額のセルに、合計金額が表示されていることを確認します。

Step 5 集計行を削除します。

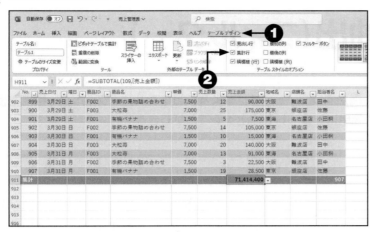

❶ [テーブルデザイン] タブが選択されていることを確認します。

❷ [集計行] チェックボックスをオフにします。

Step 6 集計行が削除されたことを確認します。

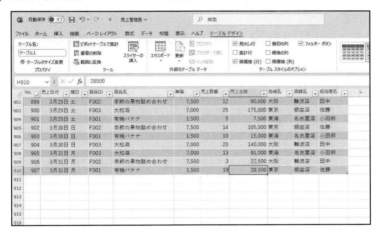

Step 7 **Ctrl**キーを押したまま**Home**キーを押して、1行目を表示します。

ヒント　オートフィルターの設定後に集計行を追加した場合

オートフィルターで特定の条件で抽出を行った後に集計行を追加すると、集計行には抽出されたデータだけの集計結果が表示されます。

データの抽出（フィルター）

特定の条件に見合った値を満たすレコードをすばやく見つけるために、フィルター機能を使います。
フィルター機能を使うと、簡単にレコードを抽出することができます。

■ フィルターの設定

テーブルでは、自動的にフィルターが使用できるようになっています。通常のセル範囲では、［データ］タブの ▽[フィルター]ボタンをオンにすると、フィルター機能が使用できるようになります。

■ フィルターの条件について

フィルターの条件には、フィールド（列）に入力された値のほかに、次のようなオプションがあります。

抽出オプション	説明
昇順	レコードを昇順（五十音順、数値の小さい順、アルファベット順）に並べ替えます。空白のセルは、末尾に配置されます。
降順	レコードを降順（昇順と逆の順序）に並べ替えます。空白のセルは、末尾に配置されます。
色で並べ替え	セルの色やフォントの色、アイコンセットが設定されている場合に、それらをサブメニューに表示します。サブメニューで選択したデータを基準に並べ替えます。
"(列名)" からフィルターをクリア	フィルターを解除し、その列（フィールド）のすべてのレコードを表示します。
色フィルター	セルの色やフォントの色、アイコンセットが設定されている場合に、それらをサブメニューに表示します。サブメニューで選択したデータを条件として抽出します。
テキストフィルター（文字データの場合）	フィルター方法の一覧が表示されます。いずれかの項目をクリックするか、ユーザー設定フィルターをクリックして、抽出条件を設定し、レコードを抽出します。たとえば、特定の文字で始まる文字列を抽出するには、［指定の値で始まる］をクリックします。
数値フィルター（数値データの場合）	フィルター方法の一覧が表示されます。いずれかの項目をクリックするか、ユーザー設定フィルターをクリックして抽出条件を設定し、レコードを抽出します。たとえば、数値の範囲を指定して抽出するには、［指定の範囲内］をクリックします。
日付フィルター（日付データの場合）	フィルター方法の一覧と動的な期間が表示されます。いずれかの項目をクリックするか、ユーザー設定フィルターをクリックして抽出条件を設定し、レコードを抽出します。また動的な日付を条件にすることもできます。たとえば、昨日のレコードを抽出するには、［昨日］をクリックします。

データの抽出

データの抽出とは、条件を指定して、条件に一致したレコードを絞り込んで表示することをいいます。

操作 ☞ 条件を指定して抽出する

銀座店の売上を確認するために、列「店舗名」のフィルターを使って銀座店のレコードを抽出しましょう。

Step 1 「銀座店」を抽出の条件に指定します。

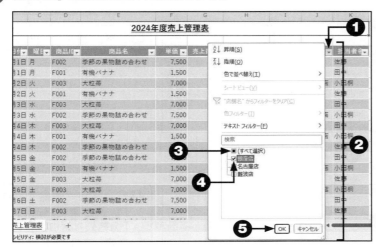

❶ 列「店舗名」の▼をクリックします。

❷ 指定できる条件の一覧が表示されます。

❸ [(すべて選択)] チェックボックスをオフにします。

❹ [銀座店] チェックボックスをオンにします。

❺ [OK] をクリックします。

Step 2 抽出結果が表示されます。

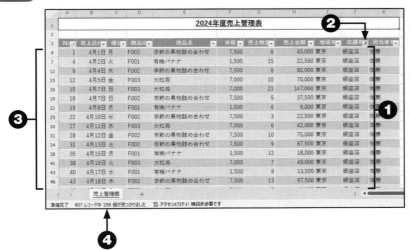

❶ 銀座店のレコードだけが表示されていることを確認します。

❷ 条件が指定されている列の▼がフィルターボタンになっていることを確認します。

❸ 抽出されたレコードの行番号が青字で表示されていることを確認します。

❹ 総レコード数と、条件に一致するレコードの数が表示されていることを確認します。

ヒント 1つのフィールドに複数のデータを指定して抽出するには

1つのフィールドに複数のデータを指定して抽出することができます。
たとえば、完熟マンゴー、季節の果物詰め合わせ、桐箱入りメロンの3つのデータを抽出するには次の手順で操作します。

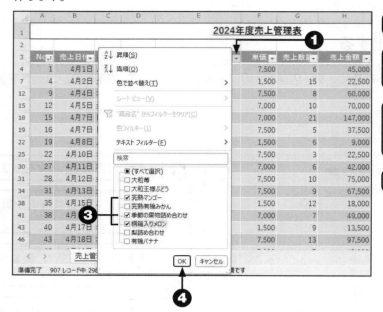

❶列「商品名」の▼をクリックします。

❷[(すべて選択)]チェックボックスをオフにします。

❸[完熟マンゴー]、[季節の果物詰め合わせ]、[桐箱入りメロン]の各チェックボックスをオンにします。

❹[OK]をクリックします。

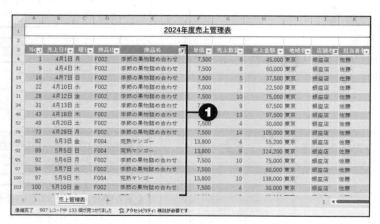

❶商品名が「完熟マンゴー」または「季節の果物詰め合わせ」または「桐箱入りメロン」のレコードだけが表示されていることを確認します。

データの種類に応じた抽出

フィルターの条件一覧は、データの種類によって変わります。データが文字列の場合は「テキストフィルター」、数値の場合は「数値フィルター」、日付の場合は「日付フィルター」が表示され、データに応じてさまざまな抽出を行うことができます。

操作 テキストフィルターで抽出する

商品名が「完熟」で始まる商品の売上だけを表示するために、さらにテキストフィルターで条件を絞り込んでレコードを抽出しましょう。

Step 1 [カスタムオートフィルター]ダイアログボックスを開きます。

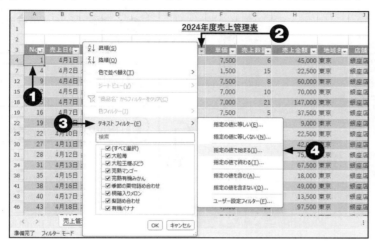

❶テーブル内の任意のセルをアクティブにします。

❷列「商品名」の▼をクリックします。

❸[テキストフィルター]をポイントします。

❹[指定の値で始まる]をクリックします。

Step 2 抽出条件を指定します。

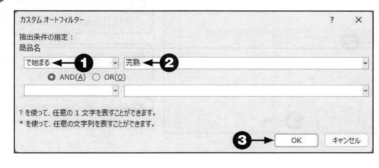

❶左上のボックスに[で始まる]と表示されていることを確認します。

❷右上のボックスに「完熟」と入力します。

❸[OK]をクリックします。

Step 3 抽出結果を確認します。

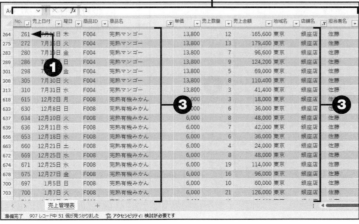

❶「完熟有機みかん」が表示されるまで、No.が「261」のデータが先頭になるように画面を下にスクロールします。

❷列番号の位置に列名が表示されていることを確認します。

❸店舗名が「銀座店」で、商品名が「完熟」で始まる「完熟マンゴー」と「完熟有機みかん」のレコードが表示されていることを確認します。

操作 **数値フィルターで抽出する**

さらに売上金額が10万円以上の売上だけを表示するために、数値フィルターで条件を絞り込んでレコードを抽出しましょう。

Step 1 [カスタムオートフィルター] ダイアログボックスを開きます。

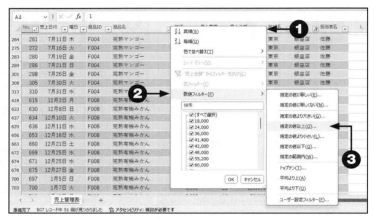

① 列「売上金額」の▼をクリックします。

② [数値フィルター] をポイントします。

③ [指定の値以上] をクリックします。

Step 2 抽出条件を指定します。

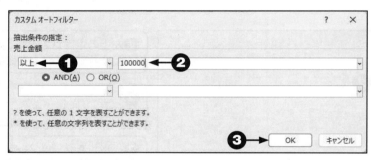

① 左上のボックスに [以上] と表示されていることを確認します。

② 右上のボックスに「100000」と入力します。

③ [OK] をクリックします。

Step 3 抽出結果を確認します。

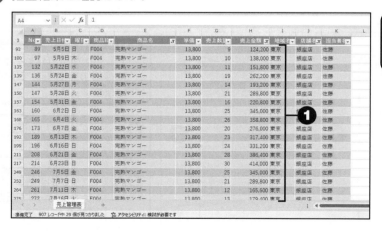

① 売上金額が10万円以上のレコードに絞り込まれて表示されていることを確認します。

ヒント 上位10項目のデータを抽出するには

売上金額の上位10項目、下位10項目などの条件を指定してレコードを抽出する場合は、「トップテンオートフィルター」を使うと便利です。
条件は、上位10%、下位10%などのパーセンテージで指定することもできます。
ここでは、すべてのレコードを表示した状態で売上金額上位10項目を抽出する方法を例に説明します。

❶列「売上金額」の▼をクリックします。

❷数値フィルターをポイントします。

❸[トップテン]をクリックします。

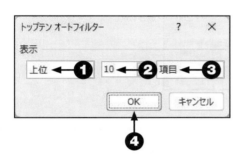

❶左のボックスで[上位]を選択します。

❷真ん中のボックスで数値を指定します。

❸右のボックスで[項目]を選択します。

❹[OK]をクリックします。

❶条件を指定したレコード(ここでは売上金額の上位10件)が表示されたことを確認します。

さらに、売上金額の大きい順にデータを表示したい場合は、売上金額の降順で並べ替えます。

操作 日付フィルターで抽出する

6月の売上だけを表示するために、さらに日付フィルターで条件を絞り込んでレコードを抽出しましょう。

Step 1 [カスタムオートフィルター] ダイアログボックスを開きます。

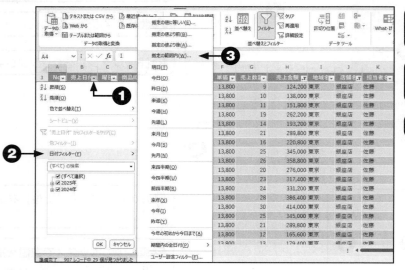

❶列「売上日付」の▼をクリックします。

❷[日付フィルター] をポイントします。

❸[指定の範囲内] をクリックします。

Step 2 1つ目の抽出条件を指定します。

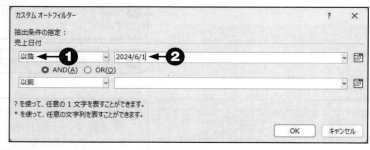

❶左上のボックスに [以降] と表示されていることを確認します。

❷右上のボックスに「2024/6/1」と入力します。

Step 3 2つ目の抽出条件を指定します。

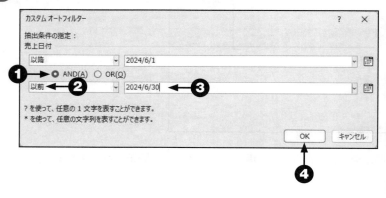

❶[AND] が選択されていることを確認します。

❷左下のボックスに [以前] と表示されていることを確認します。

❸右下のボックスに「2024/6/30」と入力します。

❹[OK] をクリックします。

💡 ヒント
抽出条件のオプション
抽出条件を2つ指定する場合は、抽出条件の設定方法を選択します。両方の抽出条件に一致するレコードの場合は [AND]、いずれか一方の抽出条件に一致するレコードの場合は [OR] を選択します。

Step 4 抽出結果を確認します。

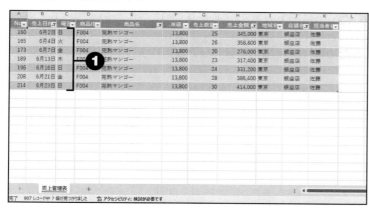

❶売上日付が6月のレコードに絞り込まれて表示されていることを確認します。

💡 ヒント　📅[日付の選択]ボタン

日付フィルターの条件を設定するために[カスタムオートフィルター]ダイアログボックスを開くと、[日付の選択]ボタンが表示されます。[日付の選択]ボタンをクリックすると、カレンダーをクリックするだけで、簡単に日付を指定できます。

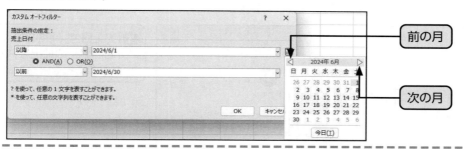

前の月
次の月

第6章　データベース　169

操作 フィルターをクリアする

すべてのレコードを表示するために、フィルターをクリアしましょう。

Step 1 指定した抽出条件をすべて解除します。

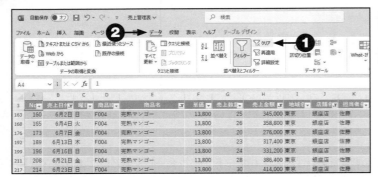

❶ [データ] タブをクリックします。

❷ [クリア] ボタンをクリックします。

Step 2 すべてのレコードが表示されたことを確認します。

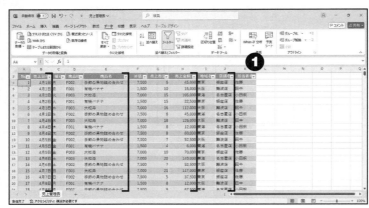

❶ 「売上日付」、「商品名」、「売上金額」、「店舗名」の抽出条件が一度に解除されたことを確認します。

Step 3 ブックを [保存用] フォルダーに保存して閉じます。

ヒント 条件を1つだけ解除するには

条件を1つだけ解除するには、条件を解除したい列の フィルターボタンをクリックし ["(列名)" からフィルターをクリア] をクリックします。

この章の確認

- □ データベース機能について理解できましたか？
- □ セル範囲をテーブルに変換することができますか？
- □ テーブルスタイルを変更することができますか？
- □ 1つの項目を基準にデータを並べ替えることができますか？
- □ 複数の項目を基準にデータを並べ替えることができますか？
- □ 並べ替えを元に戻すことができますか？
- □ テーブルに集計行を追加することができますか？
- □ 条件を指定してレコードを抽出することができますか？
- □ テキストフィルターでレコードを抽出することができますか？
- □ 数値フィルターでレコードを抽出することができますか？
- □ 日付フィルターでレコードを抽出することができますか？
- □ フィルターをクリアすることができますか？

復習問題 問題 6-1

セル範囲をテーブルに変換してテーブルのスタイルを変更しましょう。

1. ［復習問題］フォルダーに保存されているブック「復習6　売上管理表」を開きましょう。
2. 売上管理表をテーブルに変換しましょう。
3. テーブルのスタイルを「緑, テーブルスタイル（中間）7」に変更しましょう。

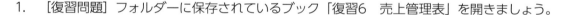

問題 6-2

テーブルのレコードの並べ替えを行い、テーブルに集計行を追加しましょう。

1. 売上金額の大きい順に並べ替えましょう。
2. 地域名の降順でさらに商品名の昇順に並べ替えましょう。
3. No.の昇順に並べ替えてデータの順序を元に戻しましょう。
4. 集計行を追加し、売上数量と売上金額の平均を表示しましょう。
5. 集計行を削除しましょう。

問題 6-3

いろいろな抽出条件を設定して、新宿店の売上実績を抽出しましょう。

1. 列「店舗名」のフィルターを使って新宿店のレコードを抽出しましょう。
2. 商品名に「アイス」を含む商品の売上だけを表示するために、さらに条件を絞り込んでレコードを抽出しましょう。
3. さらに売上金額が25,000円以上の売上だけを表示するために、条件を絞り込んでレコードを抽出しましょう。
4. さらに2024年8月の売上だけを表示するために、条件を絞り込んでレコードを抽出しましょう。

5. 指定した抽出条件すべてを解除しましょう。
6. ブックを[保存用]フォルダーに保存して閉じましょう。

第7章

印刷

- 印刷の準備
- 印刷の実行
- よく使う印刷の機能

印刷の準備

Excelで作成した表やグラフを印刷する前に、印刷イメージを確認したり、印刷のための設定を行ったりする必要があります。

印刷するために必要な準備は、主に次の5つです。
- 印刷イメージの確認
- ページレイアウトの設定
- ヘッダー/フッターの挿入
- 余白の設定
- 印刷設定の確認

■ 印刷の準備を行わずに印刷した場合

印刷の準備を行わずに印刷すると、次のような印刷結果になります。
- 表とグラフ

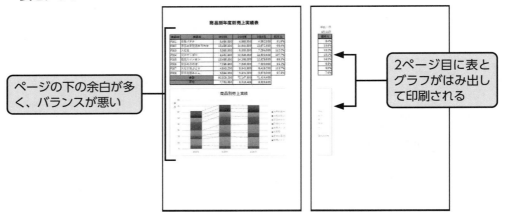

- データベース

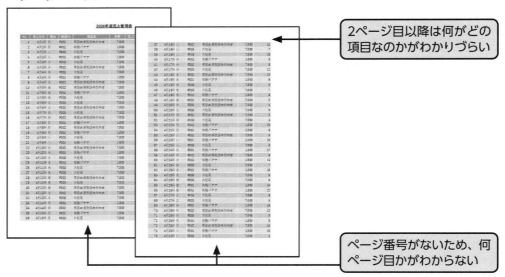

■ 印刷の準備を行ってから印刷した場合

印刷の準備を行ってから印刷すると、次のような印刷結果になります。

・表とグラフ

・データベース

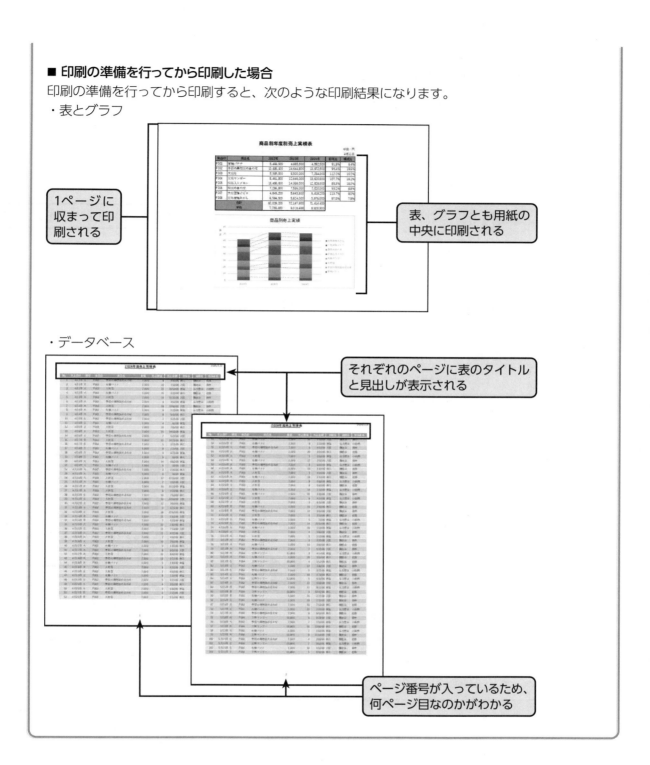

印刷イメージの確認

印刷を実行する前に、印刷イメージを確認します。Excelでは印刷イメージを表示することを「印刷プレビュー」といいます。

操作 印刷イメージを確認する

シート「全社実績」の印刷イメージを確認しましょう。

Step 1 [Excel2024基礎] フォルダーにあるブック「売上実績（印刷用）」を開きます。

Step 2 [ファイル] タブを表示します。

❶[ファイル] タブをクリックします。

Step 3 印刷イメージと全ページ数を確認します。

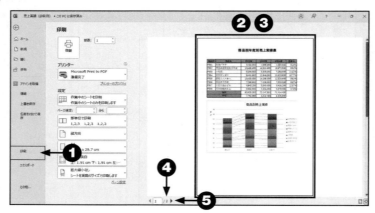

❶[印刷] をクリックします。

❷印刷イメージが表示されます。

❸表とグラフが表示されていることを確認します。

❹「1/2ページ」と表示されていることを確認します。

❺▶をクリックします。

Step 4 2ページ目を確認します。

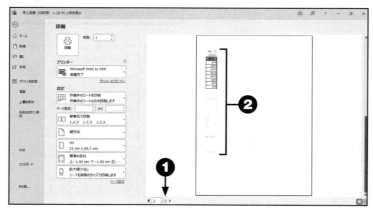

❶「2/2ページ」と表示されていることを確認します。

❷表とグラフがはみ出していることを確認します。

💡 ヒント
印刷プレビューでの表示
印刷プレビューの表示は、フォントやプリンターなどの設定によって異なることがあります。

Step 5 ◀ をクリックして1ページ目を表示します。

ページレイアウトの設定

作成した表やグラフをきれいに印刷するためには、用紙のサイズや向きなど、適切な印刷設定を行うことが必要です。

操作 ページ設定を行う

シート「全社実績」を、A4用紙の横向きで、左右の余白を均等にし、1ページに収まるように印刷する設定をしましょう。

Step 1 用紙サイズを確認します。

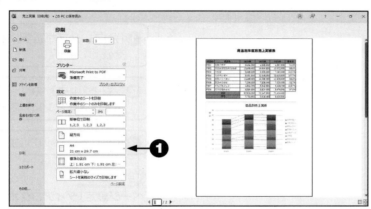

❶ [A4] が表示されていることを確認します。

Step 2 印刷の向きを設定します。

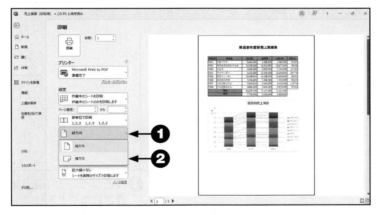

❶ [縦方向] をクリックします。

❷ [横方向] をクリックします。

第 7 章 印刷

Step 3 [ページ設定] ダイアログボックスを開きます。

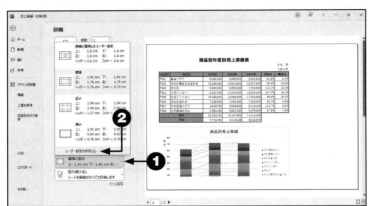

❶ [標準の余白] をクリックします。

❷ [ユーザー設定の余白] をクリックします。

Step 4 印刷位置を指定します。

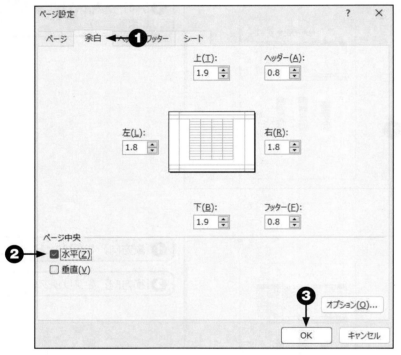

❶ [余白] タブが選択されていることを確認します。

❷ [ページ中央] の [水平] チェックボックスをオンにします。

❸ [OK] をクリックします。

💡 ヒント
[ページ設定]ダイアログボックス
[ページ設定] ダイアログボックスでは、ページレイアウトを詳細に設定することができます。

Step 5 印刷位置が変更されたことを確認します。

❶ 表とグラフが用紙の左右中央に配置されたことを確認します。

Step 6 1ページに印刷できるように、縮小印刷の設定を行います。

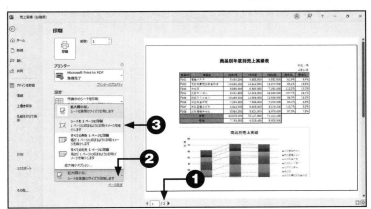

❶「1/2ページ」と表示されていることを確認します。

❷[拡大縮小なし]をクリックします。

❸[シートを1ページに印刷]をクリックします。

Step 7 1ページで印刷できるようになったことを確認します。

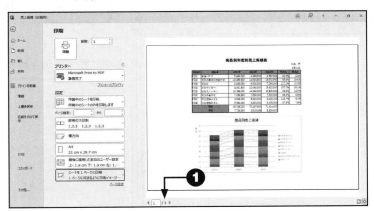

❶「1/1ページ」になったことを確認します。

💡 ヒント　[ページレイアウト]タブでのページ設定

用紙のサイズ、向き、余白、拡大縮小などは、[ページレイアウト]タブの[ページ設定]グループにあるボタンで設定することもできます。[ページ設定]グループの[ページ設定]をクリックして、[ページ設定]ダイアログボックスを開き、同様の項目を設定することも可能です。設定可能な項目は以下のとおりです。

ボタン	[ページ設定]ダイアログボックスの設定箇所	設定可能な項目
余白	[余白]タブ	印刷時の余白を設定できます。
印刷の向き	[ページ]タブの[印刷の向き]	ページのレイアウトを縦か横に切り替えます。
サイズ	[ページ]タブの[用紙サイズ]	印刷時の用紙サイズを設定できます。
印刷範囲	[シート]タブの[印刷範囲]	ワークシート内で印刷対象にする範囲の設定と解除ができます。
改ページ	なし	印刷時のページの開始位置の設定と解除ができます。
背景	なし	ワークシートの背景に表示する図を設定できます（背景は印刷されません）。
印刷タイトル	[シート]タブの[印刷タイトル]	複数のページにまたがる表を印刷するときに、各ページに印刷される行と列を指定できます。

ヒント [印刷]のその他の設定

[ファイル] タブの [印刷] をクリックすると画面の右下に2つのボタンが表示されます。

[余白の表示] ボタンをクリックすると、印刷イメージに余白を表す線の表示/非表示を切り替えることができます。線をドラッグすると余白を調整できます。

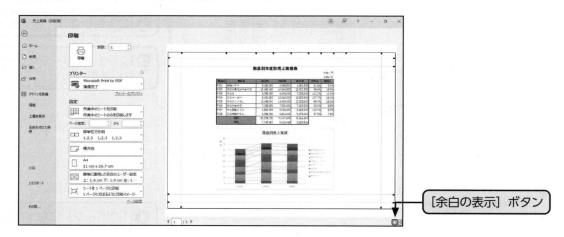

[ページに合わせる] ボタンをクリックすると、印刷イメージが100%の倍率で拡大表示されます。同じボタンをもう一度クリックすると、ページ全体が表示されます。

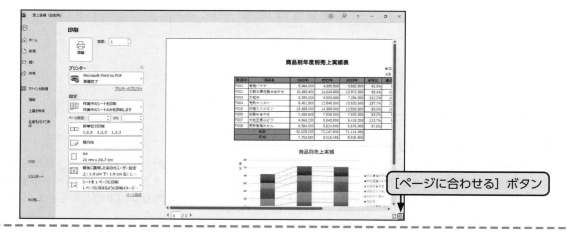

印刷の実行

印刷は、[ファイル] タブの [印刷] で、プリンターを選択したり、印刷対象やページなど印刷の方法を指定したりしてから実行します。

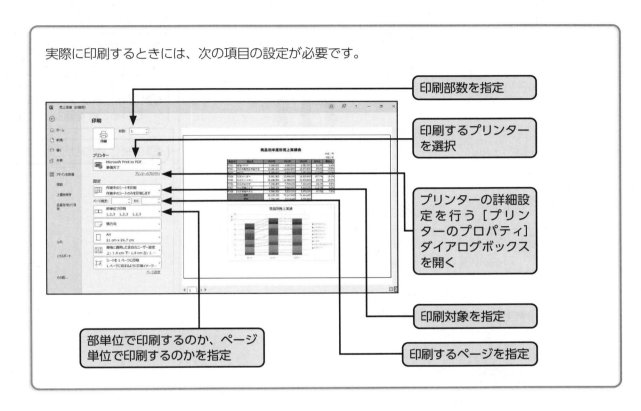

操作 ☞ 印刷を実行する

印刷内容の設定を確認して印刷しましょう。

Step 1 印刷を実行します。

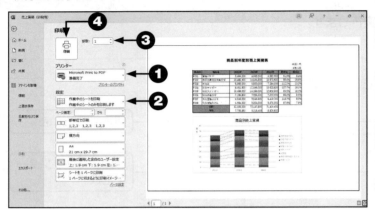

❶ プリンターが正しく接続されていることを確認します。

❷ [作業中のシートを印刷] が選択されていることを確認します。

❸ [部数] ボックスに「1」と表示されていることを確認します。

❹ [印刷] をクリックします。

Step 2 印刷が終わると、印刷画面から元の編集画面に戻ります。

💡ヒント　プリンターの状態

プリンターが正しく接続され印刷可能な状態のときは、プリンター名の下に [準備完了] と表示されます。プリンターの準備ができていないときは [オフライン] と表示されます。[オフライン] と表示された場合は、プリンターに電源が入っているかなどを確認します。

💡ヒント　印刷するプリンターを変更した場合

印刷するプリンターを変更した場合は、プリンターによって印刷可能な用紙の範囲など細かい仕様が異なるため、印刷イメージを再度確認する必要があります。

よく使う印刷の機能

データベースとして使用する表など1ページに収まらないデータの場合や、表を配布資料として使用する場合は、印刷の際、それに応じた設定が必要です。

機能	説明
印刷タイトル	2ページ目以降にも見出し行や見出し列を印刷することができます。
改ページプレビュー	マウスでドラッグして改ページの位置を調整できます。
改ページの挿入	任意の位置に改ページを挿入することができます。
ヘッダー/フッター	表やグラフを印刷するときに各ページの上部と下部の余白部分に、印刷日やページ番号などを印刷することができます。
余白	印刷時の余白を指定することができます。

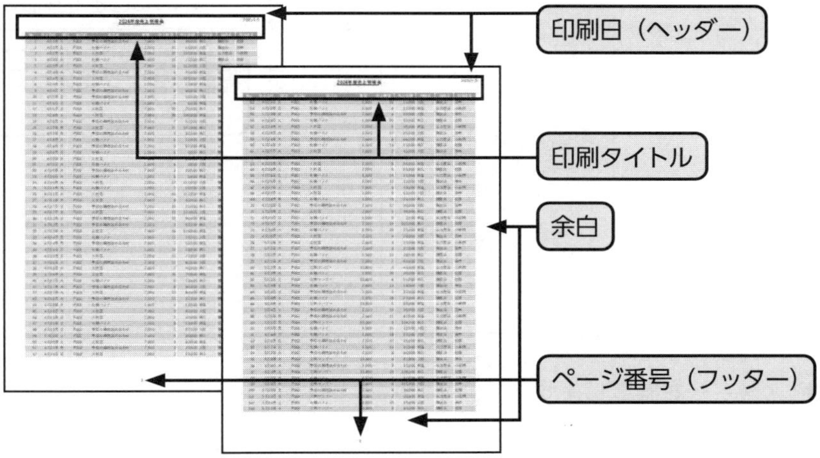

印刷日（ヘッダー）

印刷タイトル

余白

ページ番号（フッター）

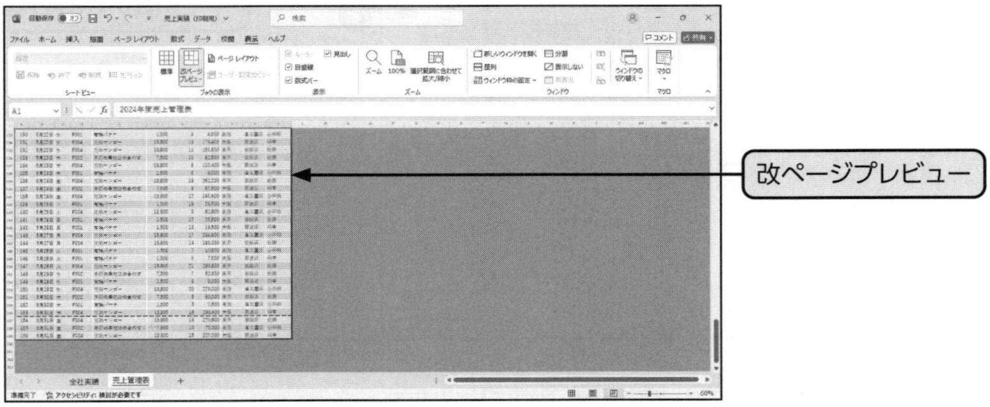

改ページプレビュー

印刷タイトル

レコード数が多いデータベースなど、複数ページにわたるデータを印刷するときは、印刷タイトルを設定することで、2ページ目以降にも見出し行や見出し列を表示することができます。

操作 印刷イメージを確認する

シート「売上管理表」の印刷イメージを確認しましょう。

Step 1 シート「売上管理表」に切り替えます。

Step 2 [ファイル] タブの [印刷] をクリックして印刷イメージを表示します。

Step 3 印刷イメージを確認します。

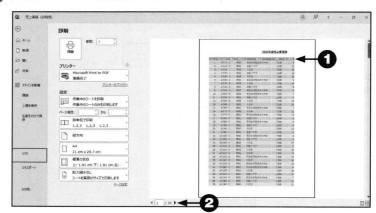

❶ 印刷イメージに列見出しが表示されていることを確認します。

❷ ▶をクリックして2ページ目を表示します。

Step 4 2ページ目の印刷イメージを確認します。

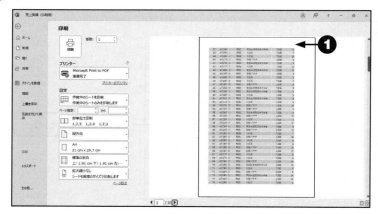

❶ 印刷イメージに列見出しが表示されていないことを確認します。

Step 5 画面左上の ⊙ をクリックして、編集画面に戻ります。

❗重要　印刷タイトルの設定

[ファイル] タブの [印刷] にある [ページ設定] をクリックして開いた [ページ設定] ダイアログボックスでは、印刷タイトルの設定ができません。印刷タイトルを設定する場合は、必ず編集画面に切り替えてから操作を行うようにします。

操作☞　印刷タイトルを設定する

1行目から3行目にある表のタイトルと見出し行が各ページに印刷されるように、行の印刷タイトルとして設定しましょう。

Step 1 [ページレイアウト] タブをクリックします。

Step 2 [ページ設定] ダイアログボックスを開きます。

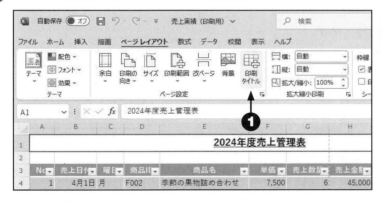

❶ [印刷タイトル] ボタンをクリックします。

Step 3 印刷タイトルを設定します。

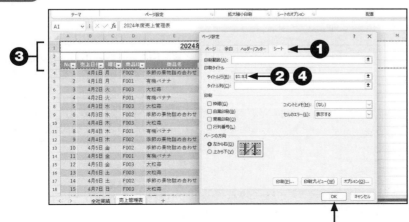

❶ [シート] タブが表示されていることを確認します。

❷ [印刷タイトル] の [タイトル行] ボックスをクリックします。

❸ 1行目～3行目をドラッグします。

❹ [タイトル行] ボックスに「$1:$3」と表示されていることを確認します。

❺ [OK] をクリックします。

第7章　印刷　185

ヒント ワークシート上に表示される破線

「印刷プレビュー」から元の画面(編集画面)に戻ると、ワークシート上に破線が表示されます。この破線は、印刷するときのページ区切りの位置を示しています。「ページレイアウトビュー」から「標準ビュー」に戻したときや、改ページを挿入したときに表示される破線も同様です。

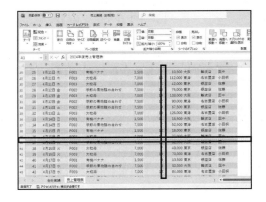

改ページプレビュー

表を印刷するときに、どの位置で改ページされるかを表示するのが「改ページプレビュー」です。改ページプレビューでは、マウスでドラッグして改ページ位置を調節できます。

操作 改ページプレビューで改ページ位置を調整する

改ページプレビューに切り替えて、マウス操作で改ページ位置を調整しましょう。

Step 1 改ページプレビューに切り替えます。

❶ [表示] タブをクリックします。

❷ [改ページプレビュー] ボタンをクリックします。

Step 2 下にスクロールして改ページの状態を確認します。

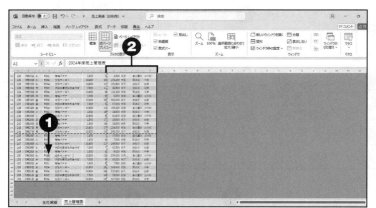

❶ 下にスクロールし、「5ページ」と表示されていることを確認します。

❷ 列が4列分はみ出して10ページになっていることを確認します。

ヒント
改ページの状態
プリンターの機種などによって改ページの状態が異なる場合もあります。

186 よく使う印刷の機能

Step 3 改ページ位置を調整します。

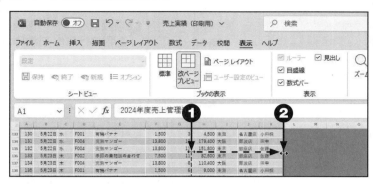

① G列とH列の間に表示されている破線をポイントします。

② マウスポインターの形が ↔ になっている状態で、担当者名のK列の右までドラッグします

Step 4 改ページ位置が調整されたことを確認します。

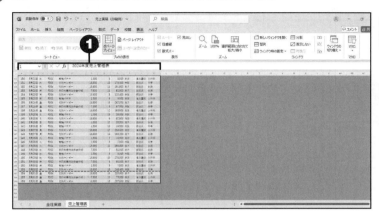

① 縦の破線がなくなったことを確認します。

💡 **ヒント**
改ページプレビューの表示
改ページプレビューでは、自動の改ページは破線、手動で設定した改ページは実線で表示されます。

Step 5 [標準] ボタンをクリックして、標準表示に戻します。

改ページの挿入

複数のページにわたるデータを印刷するときに、自動改ページで入るページ区切りとは異なる位置でページを区切りたい場合には、手動で改ページを挿入することができます。

操作 ☞ 改ページを挿入する

シート「売上管理表」に、自動改ページの破線が表示されていることを確認しましょう。また、4月21日と4月22日、5月10日と5月11日の間に改ページを挿入しましょう。

Step 1 自動改ページの位置を確認します。

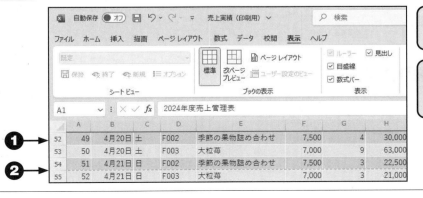

① 52行目が表示されるまでスクロールします。

② 54行目と55行目の間に自動改ページの破線が表示されていることを確認します。

第 7 章 印刷 | *187*

Step 2 手動で改ページを挿入します。

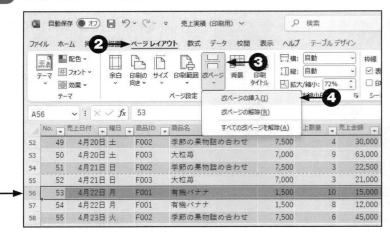

❶ 自動改ページの破線のすぐ下の56行目を行単位で選択します。

❷ [ページレイアウト] タブをクリックします。

❸ [改ページ] ボタンをクリックします。

❹ [改ページの挿入] をクリックします。

Step 3 手動で改ページが挿入されたことを確認します。

❶ 任意のセルをクリックして範囲選択を解除します。

❷ 55行目と56行目の間に実線が表示されたことを確認します。

Step 4 同様に、106行目（5月10日と5月11日の間）に手動で改ページを挿入します。

💡 **ヒント**
改ページの調整
Step3で2ページ目に1行だけ印刷される設定になりますが、後から余白を修正してページに収まるように変更します。

Step 5 **Ctrl**キーを押したまま**Home**キーを押して、1行目を表示します。

💡 **ヒント** **改ページの解除**
改ページを削除するには、改ページを設定した行をクリックし、[ページレイアウト] タブの [改ページ] ボタンをクリックして、[改ページの解除] をクリックします。設定済みのすべての改ページを一度に解除する場合は、[すべての改ページを解除] をクリックします。

ヘッダー / フッターの挿入

表やグラフを印刷するときに、余白に、印刷日やブック名、シート名、ページ数などの情報を付け加えることができます。

用語　ヘッダー/フッター

ページ上部の余白に印刷されるものを「ヘッダー」といい、それに対してページ下部の余白に印刷されるものを「フッター」といいます。ヘッダー/フッターは、基本的にすべてのページに挿入されます。

操作☞ ヘッダー/フッターを挿入する

シート「売上管理表」を印刷したときに印刷日とページ番号がわかるように、ヘッダーに現在の日付、フッターにページ番号を挿入しましょう。

Step 1 ヘッダーとフッターを挿入します。

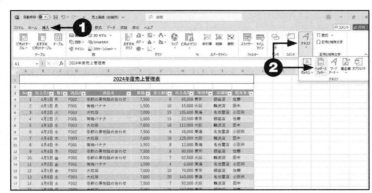

❶[挿入]タブをクリックします。

❷[テキスト]ボタンをクリックし、[ヘッダーとフッター]ボタンをクリックします。

Step 2 ヘッダーの右側に印刷日を挿入します。

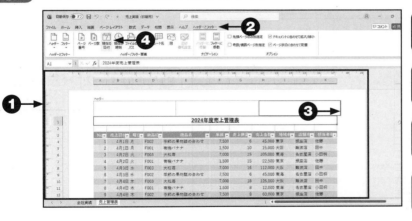

❶ページレイアウトビューに切り替わります。

❷[ヘッダーとフッター]タブが表示されていることを確認します。

❸ヘッダーの右側をクリックしてカーソルを表示します。

❹[現在の日付]ボタンをクリックします。

Step 3 ヘッダーに現在の日付が表示されたことを確認します。

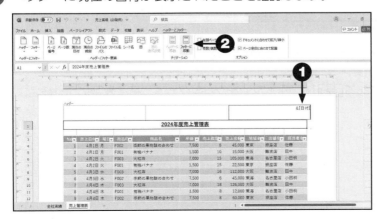

❶ヘッダーの右側に「&[日付]」と表示されたことを確認します。

❷[フッターに移動]ボタンをクリックします。

第7章 印刷 | 189

Step 4 フッターの中央にページ番号を挿入します。

❶ フッターの中央をクリックしてカーソルを表示します。

❷ [ページ番号] ボタンをクリックします。

Step 5 フッターの中央にページ番号が設定されたことを確認します。

❶ フッターの中央に「&[ページ番号]」と表示されたことを確認します。

❷ 任意のセルをクリックしてフッターを確定します。

Step 6 表の最終行までスクロールします。

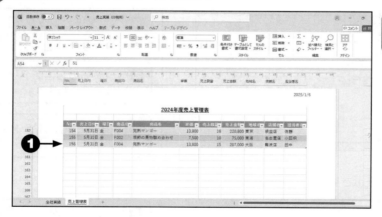

❶ 最後のページに数行はみ出ていることを確認します。

Step 7 **Ctrl**キーを押したまま**Home**キーを押して、1行目を表示します。

Step 8 ズームスライダーの左側にある [標準] ボタンをクリックして、標準表示に切り替えます。

ヒント ページレイアウトビュー

Excelには、印刷結果を確認しながら編集できる「ページレイアウトビュー」があります。ページレイアウトビューに切り替えるには、[表示] タブの [ページレイアウト] ボタンをクリックするか、ズームスライダーの左側にある [ページレイアウト] ボタンをクリックします。ページレイアウトビューに切り替えると、上下左右に余白が表示され、ヘッダー/フッターの編集や、セルの編集を行うことができます。

ヒント 設定できるヘッダー/フッター要素

ページ番号と現在の日付以外に用意されている主なヘッダー/フッター要素は、次の表のとおりです。

ボタン		機能
ページ数	ページ数	印刷時の総ページ数を追加します。
現在の時刻	現在の時刻	コンピューターの内部時計を参照し、現在の時刻を追加します。
ファイルのパス	ファイルのパス	ファイルの保存先（完全パス）を含むファイル名を追加します。
ファイル名	ファイル名	ファイル名を追加します。
シート名	シート名	シート名を追加します。
図	図	クリックすると [画像の挿入] ダイアログボックスが開き、ロゴなどの図を追加できます。

また、ヘッダー/フッターには、任意の文字を入力することもできます。「社外秘」や「関係者限定」などの文字や、作成者名などを余白に追加して印刷するときに利用します。

操作 余白を設定する

シート「売上管理表」の余白を設定し、3ページに印刷できるように調整しましょう。

Step 1 [ページレイアウト] タブをクリックします。

Step 2 [ページ設定] ダイアログボックスを開きます。

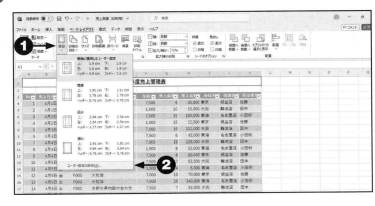

❶ [余白] ボタンをクリックします。

❷ [ユーザー設定の余白] をクリックします。

第 7 章 印刷

Step 3 上下の余白を設定し、印刷プレビューを表示します。

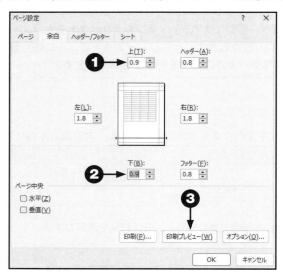

① [上] ボックスの▼を2回クリックし、[0.9] に設定します。

② [下] ボックスの▼を2回クリックし、[0.9] に設定します。

③ [印刷プレビュー] ボタンをクリックします。

ヒント
余白の設定
余白の単位は「cm」です。また、[ヘッダー] または [フッター] ボックスではページの端からの印刷位置を指定できます。

操作 👉 印刷イメージを確認する

Step 1 印刷イメージを確認します。

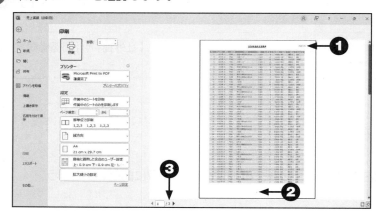

① ヘッダーに現在の日付が表示されていることを確認します。

② フッターにページ番号が表示されていることを確認します。

③ 「1/3ページ」と表示され、3ページに収まったことを確認します。

④ ▶ をクリックして2ページ目を表示します。

Step 2 2ページ目を確認します。

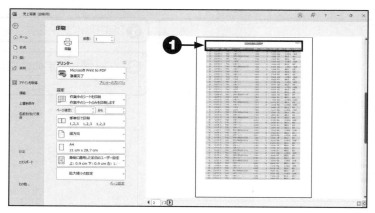

① 表のタイトルと列見出しが表示されていることを確認します。

Step 3 ブックを [保存用] フォルダーに保存して閉じます。

この章の確認

- ☐ 印刷するために必要な準備について理解できましたか？
- ☐ 印刷イメージを確認することができますか？
- ☐ ページ設定を行うことができますか？
- ☐ 印刷を実行することができますか？
- ☐ 印刷タイトルを設定することができますか？
- ☐ 改ページプレビューで改ページ位置を調整することができますか？
- ☐ 手動で改ページを挿入することができますか？
- ☐ ヘッダー/フッターを挿入することができますか？
- ☐ 余白を設定することができますか？

復習問題　問題 7-1

印刷の設定を行い、印刷を実行しましょう。

1. [復習問題]フォルダーに保存されているブック「復習7　第2四半期売上実績（印刷用）」を開きましょう。
2. シート「売上集計表」の印刷イメージを確認しましょう。
3. シート「売上集計表」の用紙と向きを「A4」「横方向」、印刷位置をページの「水平方向の中央」に設定しましょう。
4. 1ページに印刷できるように、縮小印刷の設定をしましょう。
5. 印刷を実行しましょう。

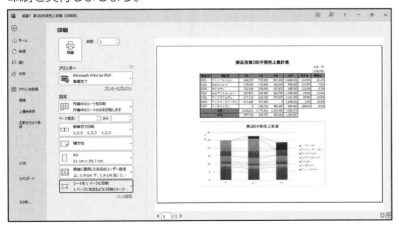

問題 7-2

複数ページにまたがる表の印刷の設定を行いましょう。

1. シート「売上管理表」の印刷イメージを確認しましょう。
2. 1行目から3行目が各ページに印刷されるように、印刷タイトルの設定をしましょう。
3. 改ページプレビューで、「売上金額」、「地域名」、「店舗名」、「立地条件」までを横1ページ内に印刷できるように設定しましょう。
4. 52行目、101行目、152行目に手動で改ページを挿入しましょう。
5. ヘッダーの左側に現在の日付、フッターの中央にページ番号を挿入しましょう。
6. 印刷イメージを確認しましょう。

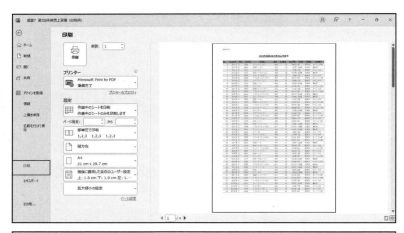

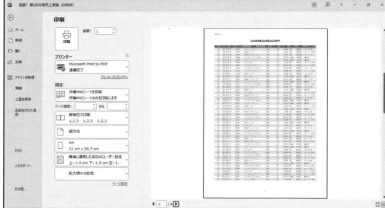

7. ブックを［保存用］フォルダーに保存して閉じましょう。

本書で学習した内容が身に付いたかどうか、
総合問題で確認しましょう。

問題 1

あるスポーツ用品メーカーの第3四半期の月別売上を分析しましょう。データを入力し、見やすい体裁の表を作成しましょう。

1. 新しいブックを作成し、次の入力例を参考に入力しましょう。

■入力例

	A	B	C	D	E	F	G	H	I	J	K
1	商品別月別売上										
2											
3										単位：円	
4									日付	1月10日	
5		商品ID	商品名	10月			合計	前月比	構成比		
6	陸上	SP001	ランニングシューズ	7860000	5712000	5616000					
7			ランニングウェア	7595000	8697500	11497500					
8			ランニングスパッツ	10185000	9330000	9390000					
9	ゴルフ		ゴルフシューズ	5103000	3888000	3753000					
10			ゴルフウェア	10836000	11360000	10962000					
11			合計								
12			平均								
13											

2. 10月以降の月を連続データで入力しましょう。

3. 商品IDを連続データで入力しましょう。

4. セルI4の「日付」を消去しましょう。

5. セルJ4に「1/20」と入力し、日付を変更しましょう。

6. セルA1を「第3四半期商品別月別売上」に変更しましょう。

7. セルJ3～J4のデータを、セルI3～I4に移動しましょう。

8. セルC11～C12のデータを、セルB11～B12に移動しましょう。

9. 作成したブックに「第3四半期売上実績」という名前を付けて［保存用］フォルダーに保存しましょう。

10. セルH6～H10に12月と11月の売上を比較するために、前月比を求めましょう。

11. 関数を使って、商品別（セルG6～G10）月別（セルD11～F11）の合計と総合計（G11）を求めましょう。

12. セルD12～G12に関数を使って、月別と合計の平均を求めましょう。

13. セルI6～I10に絶対参照を使った数式で、全体合計に対する各商品の構成比を求めましょう。

14. A列の列幅を「3.50」に、D列～G列の列幅を「11.50」に調整しましょう。

15. B列とC列の幅を自動調整しましょう。

16. 次のように書式を設定しましょう。
    - セルA5～I10、セルB11～G12に格子線を引く
    - セルA5～I10、セルB5～G12に太い外枠を引く
    - セルA5～I5の下に二重罫線を引く
    - セルB5～I5の文字を中央揃えにする
    - セルI3の文字を右揃えにする
    - セルA1～I1を結合して中央揃え、文字をHGP明朝E、16ポイントにする
    - セルA5～I5のセルの色を「水色、アクセント4」にし、文字を太字にする

- セルA6～A8、セルA9～A10をそれぞれ結合し、文字の方向を縦書き、8ポイントにする
- セルB11～C11、セルB12～C12をそれぞれ結合して中央揃えにし、セルの色を「水色、アクセント4」、文字を太字にする
- セルD6～G12に桁区切りのカンマ (,) を付ける
- セルH6～I10を小数点第1位まで表示するパーセントスタイルにする

17. 表の10行目に行を挿入し、商品IDを修正し、次のようにデータを入力しましょう。

セルC10	セルD10	セルE10	セルF10
ゴルフクラブセット	11580000	10620000	7200000

18. 2行目の空白行を削除しましょう。

19. ブックを上書き保存して閉じましょう。

■完成例

	A	B	C	D	E	F	G	H	I	J
1				第3四半期商品別月別売上						
2									単位：円	
3									1月20日	
4		商品ID	商品名	10月	11月	12月	合計	前月比	構成比	
5	陸上	SP001	ランニングシューズ	7,860,000	5,712,000	5,616,000	19,188,000	98.3%	12.7%	
6		SP002	ランニングウェア	7,595,000	8,697,500	11,497,500	27,790,000	132.2%	18.4%	
7		SP003	ランニングスパッツ	10,185,000	9,330,000	9,390,000	28,905,000	100.6%	19.1%	
8	ゴルフ	SP004	ゴルフシューズ	5,103,000	3,888,000	3,753,000	12,744,000	96.5%	8.4%	
9		SP005	ゴルフクラブセット	11,580,000	10,620,000	7,200,000	29,400,000	67.8%	19.4%	
10		SP006	ゴルフウェア	10,836,000	11,360,000	10,962,000	33,158,000	96.5%	21.9%	
11		合計		53,159,000	49,607,500	48,418,500	151,185,000			
12		平均		8,859,833	8,267,917	8,069,750	25,197,500			

総合問題 問題2

問題1で作成した、商品別の売上実績表を基にグラフを作成します。商品別・月別の売上高がわかる折れ線グラフを作成しましょう。また、第3四半期の売上の合計を基に、商品の売上構成比がわかる円グラフを作成し、別のシートに移動しましょう。その後、表と折れ線グラフを見やすく1ページに収まるように配置しましょう。

1. [保存用] フォルダーに保存したブック「第3四半期売上実績」を開きましょう。問題2から学習を開始する場合は、[総合問題] フォルダーにあるブック「総合2　第3四半期売上実績」を開きましょう。

2. おすすめグラフを使用して、商品別・月別売上高を表す縦棒グラフを作成しましょう。
   - データの範囲：セルC4～F10
   - グラフの種類：集合縦棒

3. グラフを表の下に移動し、セルA14～I28の位置に配置しましょう。

4. 売上合計の構成比を表す円グラフを作成し、左上隅がセルA30になるように移動しましょう。
   - データの範囲：セルC4～C10、セルG4～G10
   - グラフの種類：3-D円

5. 縦棒グラフを編集しましょう。
   - グラフタイトル：「第3四半期商品別売上実績」
   - 縦（値）軸ラベル：「百万」（縦書き（半角文字含む））

6. 円グラフを編集しましょう。
　　　・グラフタイトル：「商品別売上構成比」
　　　・レイアウト：レイアウト1
　　　・グラフの基線位置：220度
　　　・データ系列「ゴルフウェア」の図形のスタイル：パステル-緑、アクセント6
　　　・データ系列「ゴルフウェア」の切り出し：30%

7. 棒グラフの種類を、データの行と列を入れ替えて「マーカー付き折れ線」グラフに変更しましょう。

■完成例

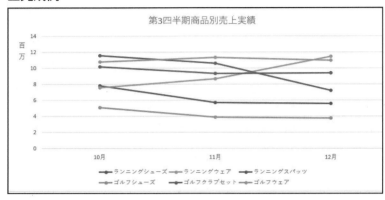

8. 円グラフをグラフシートに移動しましょう。

■完成例

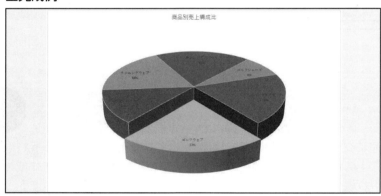

9. 表と折れ線グラフがA4横1枚に体裁よく収まるように印刷の設定をしましょう。

■印刷プレビュー例

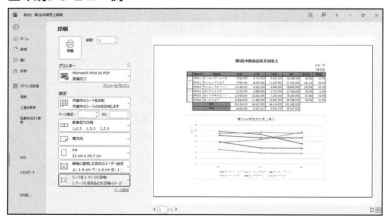

10. ブックを［保存用］フォルダーに保存して閉じましょう。

総合問題 問題3

問題2で作成した、商品別の売上実績表とグラフを第4四半期にも使えるようにします。わかりやすいようにシートの名前を変更しましょう。ワークシートをコピーして、「第4四半期」に編集します。また新しいシートを追加し、使っていないシートを削除しましょう。

1. ［保存用］フォルダーに保存したブック「第3四半期売上実績」を開きましょう。問題3から学習を開始する場合は、［総合問題］フォルダーにあるブック「総合3　第3四半期売上実績」を開きましょう。

2. ワークシートの名前を変更しましょう。
    - Sheet1：「第3四半期」
    - グラフ1：「売上構成比」

3. シート「第3四半期」をコピーして、シート「第4四半期」を作成し、次の箇所を編集しましょう。
    - シート名：「第4四半期」
    - セルD5～F10：データを消去
    - セルD4～F4：「1月」「2月」「3月」
    - セルA1：「第4四半期商品別月別売上」
    - 折れ線グラフのタイトル：「第4四半期商品別売上実績」

4. 新しいワークシートを2枚挿入し、そのうち1枚のワークシートの名前を「売上集計」に変更しましょう。

5. 使用していないワークシート「Sheet3」または「Sheet4」を削除しましょう。

■完成例

6. ブックを［保存用］フォルダーに保存して閉じましょう。

問題 4

ある会社の第2四半期の洋服別の売上を分析しましょう。体裁よく表を作成し、見やすく配置しましょう。

1. 新しいブックを作成し、次の入力例を参考に入力しましょう。

■入力例

	A	B	C	D	E	F	G
1	第2四半期商品別売上高						
2					2025/10/15		
3					単位：千円		
4		7月			合計		
5	スーツ	95000	102000	110000			
6	ワイシャツ	62000	57000	63000			
7	ベルト	57000	61000	50000			
8	紳士服合計						
9	ジャケット	85000	87000	75000			
10	ブラウス	48000	63000	52000			
11	スカート	68000	72000	63000			
12	婦人服合計						
13	合計						
14							

2. 7月以降の月を連続データで入力しましょう。

3. 作成したブックに「商品別売上高」という名前を付けて［保存用］フォルダーに保存しましょう。

4. 関数を使ってセルE5〜E7とセルE9〜E11に商品別の合計を求めましょう。

5. 関数を使ってセルB8〜E8とセルB12〜E12に月別と服の分類ごとの合計を求めましょう。

6. セルB13〜E13に紳士服と婦人服の合計を数式で求めましょう。

7. 完成例を参考に、A列の列幅を調整しましょう。また、B列〜E列の列幅を「11.00」に調整しましょう。

8. 完成例を参考に、次のように書式を設定しましょう。
    - セルA4〜E13に格子線、太い外枠を引く
    - セルB4〜E4とセルA13の文字を中央揃えにする
    - セルE3の文字を右揃えにする
    - セルA4〜E4とセルA13〜E13のセルの色を「緑、アクセント6」にする
    - セルA8〜E8とセルA12〜E12のセルの色を「緑、アクセント6、白+基本色60%」にする
    - セルA1〜E1を結合して中央揃えにし、HGPゴシックM、16ポイント、太字にする
    - セルA4〜E4、セルA8〜E8、セルA12〜E13の文字を太字にする
    - セルB5〜E13に桁区切りのカンマ（,）を付ける

■完成例

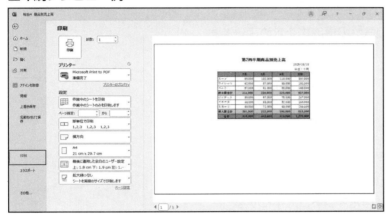

9. 印刷プレビューで表がA4横1枚に体裁よく収まるように印刷の設定をしましょう。

■印刷プレビュー例

10. ブックを上書き保存して閉じましょう。

 総合問題 **問題 5**

あるイベントの来場者数を調査しました。データを入力し、見やすい体裁の表と、地域別・年齢別の来場者比率がわかる積み上げ縦棒グラフを作成しましょう。表とグラフを1ページに収まるように配置しましょう。

1. 新しいブックを作成し、次の入力例を参考に入力しましょう。

■入力例

	A	B	C	D	E	F	G
1	全国来場者調査						
2							
3	地域	10-20代	30-40代	50代以上	合計	構成比	
4	北海道・東北	2850	5806	2112			
5	関東	3265	4658	6325			
6	北陸・中部	3994	4505	2106			
7	関西	4125	5284	3264			
8	中国・四国	4520	3190	2627			
9	九州・沖縄	3823	6170	3871			
10	合計						
11	平均						
12	最大						
13	最小						

2. 作成したブックに「来場者数調査」という名前を付けて［保存用］フォルダーに保存しましょう。

3. 完成例を参考にA列の列幅を調整しましょう。また、B列～F列の列幅を「10.00」にしましょう。

4. 関数を使って、年代別、地域別の合計を求めましょう。

5. セルF4～F9に絶対参照を使った数式で合計の構成比を求めましょう。

6. セルB11～E11に関数を使って年代別、地域別合計の平均を求めましょう。

7. セルB12～E12に関数を使って年代別、地域別合計の最大値を求めましょう。

8. セルB13～E13に関数を使って年代別、地域別合計の最小値を求めましょう。

9. 完成例を参考に次のように書式を設定しましょう。
   - セルA3～F9に格子線と太い外枠、セルA3～F3に下二重罫線を引く
   - セルA10～E13に格子線と太い外枠を引く
   - セルA1～F1を結合して中央揃え、14ポイント、太字にする
   - セルA3～F3とセルA10～A13のセルの色を「濃い青緑、アクセント1、黒+基本色25%」、太字、中央揃え、文字の色を白にする
   - セルB4～E13に桁区切りのカンマ（,）を付ける
   - セルF4～F9を小数点第1位まで表示するパーセントスタイルにする

■完成例

	A	B	C	D	E	F	G
1			全国来場者調査				
2							
3	地域	10-20代	30-40代	50代以上	合計	構成比	
4	北海道・東北	2,850	5,806	2,112	10,768	14.9%	
5	関東	3,265	4,658	6,325	14,248	19.7%	
6	北陸・中部	3,994	4,505	2,106	10,605	14.6%	
7	関西	4,125	5,284	3,264	12,673	17.5%	
8	中国・四国	4,520	3,190	2,627	10,337	14.3%	
9	九州・沖縄	3,823	6,170	3,871	13,864	19.1%	
10	合計	22,577	29,613	20,305	72,495		
11	平均	3,763	4,936	3,384	12,083		
12	最大	4,520	6,170	6,325	14,248		
13	最小	2,850	3,190	2,106	10,337		

10. 地域別・年齢別の来場比率を表すグラフを作成しましょう。
   - データの範囲：セルA3～D9
   - グラフの種類：100%積み上げ縦棒

11. グラフを表の下に移動し、セルA15〜F30の位置に配置しましょう。

12. 100%積み上げ縦棒グラフを編集しましょう。
    ・グラフタイトル：「地域別来場者比率」

13. 100%積み上げ縦棒グラフに区分線を付けましょう。

14. グラフスタイルをスタイル10に変更しましょう。

■完成例

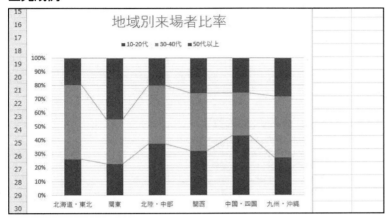

15. ヘッダーの右上に現在の日付を挿入しましょう。

16. 印刷プレビューで表とグラフがA4縦1枚に体裁よく収まるように印刷の設定をしましょう。

■印刷プレビュー例

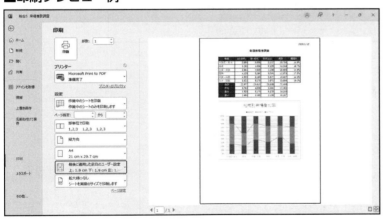

17. ブックを上書き保存して閉じましょう。

あるスポーツ用品メーカーの第3四半期の売上データを分析しましょう。売上明細をテーブルに変換し、データの並べ替えや抽出を行いましょう。

1. ［総合問題］フォルダーにあるブック「総合6　売上管理表」を開きましょう。
2. 2024年度第3四半期売上管理表をテーブルに変換しましょう。
3. テーブルのスタイルを「水色, テーブルスタイル（中間）12」に変更しましょう。

■完成例

No	売上日付	商品ID	商品名	単価	売上数量	売上金額	店舗名	担当者名
1	10月1日	SP001	ランニングシューズ	12,000	10	120,000	大阪店	今田 浩二
2	10月1日	SP005	ゴルフクラブセット	60,000	10	600,000	東京本店	石川 涼
3	10月1日	SP002	ランニングウェア	17,500	10	175,000	北九州店	武田 哲夫
4	10月1日	SP004	ゴルフシューズ	13,500	8	108,000	東京本店	石川 涼
5	10月1日	SP006	ゴルフウェア	21,000	8	168,000	北九州店	武田 哲夫
6	10月1日	SP003	ランニングスパッツ	15,000	12	180,000	大阪店	今田 浩二
7	10月2日	SP001	ランニングシューズ	12,000	20	240,000	東京本店	石川 涼
8	10月2日	SP005	ゴルフクラブセット	60,000	6	360,000	大阪店	今田 浩二
9	10月2日	SP002	ランニングウェア	17,500	15	262,500	北九州店	武田 哲夫
10	10月2日	SP004	ゴルフシューズ	13,500	15	202,500	大阪店	今田 浩二
11	10月2日	SP006	ゴルフウェア	21,000	20	420,000	北九州店	武田 哲夫
12	10月2日	SP003	ランニングスパッツ	15,000	15	225,000	東京本店	石川 涼
13	10月3日	SP004	ゴルフシューズ	13,500	15	202,500	東京本店	石川 涼
14	10月3日	SP006	ゴルフウェア	21,000	12	252,000	大阪店	今田 浩二
15	10月3日	SP003	ランニングスパッツ	15,000	20	300,000	北九州店	武田 哲夫

4. 売上金額の大きい順に並べ替えましょう。
5. 商品名の昇順かつ店舗名の降順で並べ替えましょう。
6. 表の並び順を元の順序に戻しましょう。
7. 集計行を追加し、売上数量と売上金額の合計を確認後、集計行を削除しましょう。
8. 列「店舗名」のフィルターを使って大阪店のレコードを抽出しましょう。
9. 商品名が「ランニング」で始まる商品の売上だけを表示するために、さらに条件を絞り込んでレコードを抽出しましょう。
10. さらに売上金額が300,000円以上の売上だけを表示するために、条件を絞り込んでレコードを抽出しましょう。
11. さらに2024年11月の売上だけを表示するために、条件を絞り込んでレコードを抽出しましょう。

■完成例

	A	B	C	D	E	F	G	H	I	J
1				2024年度第3四半期売上管理表						
2										
3	No.	売上日付	商品ID	商品名	単価	売上数量	売上金額	店舗名	担当者名	
202	199	11月2日	SP002	ランニングウェア	17,500	18	315,000	大阪店	今田 浩二	
208	205	11月3日	SP003	ランニングスパッツ	15,000	24	360,000	大阪店	今田 浩二	
210	207	11月3日	SP002	ランニングウェア	17,500	24	420,000	大阪店	今田 浩二	
214	211	11月4日	SP002	ランニングウェア	17,500	18	315,000	大阪店	今田 浩二	
228	225	11月6日	SP002	ランニングウェア	17,500	24	420,000	大阪店	今田 浩二	
244	241	11月9日	SP003	ランニングスパッツ	15,000	24	360,000	大阪店	今田 浩二	
246	243	11月9日	SP002	ランニングウェア	17,500	30	525,000	大阪店	今田 浩二	
256	253	11月11日	SP002	ランニングウェア	17,500	18	315,000	大阪店	今田 浩二	
264	261	11月12日	SP002	ランニングウェア	17,500	18	315,000	大阪店	今田 浩二	
286	283	11月16日	SP002	ランニングウェア	17,500	18	315,000	大阪店	今田 浩二	
292	289	11月17日	SP002	ランニングウェア	17,500	18	315,000	大阪店	今田 浩二	
298	295	11月18日	SP003	ランニングスパッツ	15,000	24	360,000	大阪店	今田 浩二	
300	297	11月18日	SP002	ランニングウェア	17,500	24	420,000	大阪店	今田 浩二	
328	325	11月23日	SP002	ランニングウェア	17,500	18	315,000	大阪店	今田 浩二	
334	331	11月24日	SP003	ランニングスパッツ	15,000	24	360,000	大阪店	今田 浩二	

12. 指定した抽出条件すべてを解除しましょう。

13. シート「売上管理表」の印刷イメージを確認しましょう。

14. 印刷の設定を行いましょう。
　　・印刷タイトル：1行目～3行目
　　・担当者名までを横1ページに印刷
　　・同じ売上日付が同じページに収まるように改ページ位置を調整：46行目、88行目、130行目、169行目、211行目、253行目、295行目、337行目、379行目、421行目、463行目、505行目、544行目
　　・ヘッダー：右側に現在の日付を印刷
　　・フッター：中央に「ページ番号/総ページ数」を印刷

15. 印刷イメージを確認しましょう。

■印刷イメージ例

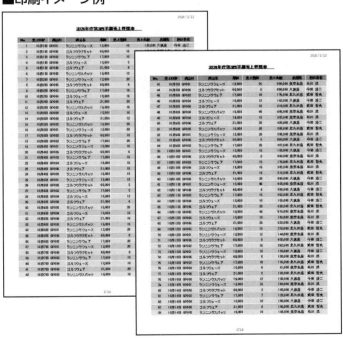

16. ブックを［保存用］フォルダーに保存して閉じましょう。

索引

英字

AVERAGE関数	65
COUNT関数	68
Excelの起動	5
Excelの終了	26
MAX関数	68
Microsoftアカウント	5
MIN関数	68
OneDrive	3
SUM関数	63
.xlsx	50

あ行

アクティブシート	9, 16
アクティブセル	9, 10, 14
[新しいシート] ボタン	10, 112
印刷タイトル	184
印刷の実行	182
印刷プレビュー	175
ウィンドウ枠の固定	23, 24
エラー値	72
[エラーチェックオプション] ボタン	72
円グラフ	121, 126, 133
オートコンプリート	35
オートフィル	38
[オートフィルオプション] ボタン	40
オートフィルター	149
おすすめグラフ	2, 120

か行

カーソル	34
改ページ	186, 187
改ページプレビュー	186
拡張子	50
下線	101
関数	62
関数の挿入ボタン	10
行の削除	87
行の選択	19
行の挿入	84
行の高さの調整	83
行番号	10
共有	11
切り取り	46
クイックアクセスツールバー	13
[クイック分析] ボタン	17
グラフサイズの変更	124
[グラフスタイル] ボタン	128, 140
グラフタイトル	129, 133

グラフの移動	124, 142
グラフの削除	124
グラフの種類の変更	138
[グラフフィルター] ボタン	128, 141
[グラフ要素] ボタン	128, 132, 141
クリップボード	46
グループ	10
罫線	88
桁区切りスタイル	102, 103
検索	10, 14
合計	63
降順	154, 162
コピー	46, 48
コメント	11

さ行

最近使ったブックを開く	8
最小化ボタン	11
最小値	68
サイズ変更ハンドル	122
最大化ボタン	11
最大値	68
サインイン	7
シート見出し	10
シート見出しの色	112
シート名	109
四則演算	57
斜体	101
集計行	159
詳細なダイアログボックスの表示	10
昇順	154, 162
小数点以下の表示桁数を増やす	102, 104
小数点以下の表示桁数を減らす	102
書式	88
[書式のコピー/貼り付け] ボタン	102
書式の自動設定	105
シリアル値	32
新規ブックの作成	32
数式	56, 57
数式のコピー	58, 60
数式の入力	58
数式バー	10
数式バーボタン	11
数値の個数	68
数値の入力	36
数値フィルター	162, 166
ズームスライダー/ズーム	11, 22
スクロール	20
スクロールバー	11, 21
ステータスバー	10
絶対参照	69, 72
セル	9, 11

206 | 索引

セル参照 ……………………………………… 57	フォント ……………………………………… 97
セル内の文字の配置 ………………………… 91	フォントサイズの変更 ……………………… 99
セルの結合 …………………………………… 93	フォントの変更 ……………………………… 97
セルの選択 ……………………………… 17, 18	複合参照 ……………………………………… 70
セルの塗りつぶし …………………………… 94	ブック ………………………………………… 9
セル番地 ……………………………………… 16	ブックの保存 ………………………………… 50
操作を元に戻す ……………………………… 45	ブックを閉じる ……………………………… 25
相対参照 ……………………………… 60, 69, 70	ブックを開く ………………………………… 6
[挿入オプション] ボタン ………………… 108	フッター …………………………………… 189
	太字 ………………………………………… 100
た行	ページ設定 ………………………………… 177
	[ページレイアウト] タブ ………………… 179
タイトルバー ………………………………… 10	ページレイアウトビュー ………………… 191
タブ …………………………………………… 12	平均 …………………………………………… 65
中央揃え ……………………………………… 92	ヘッダー …………………………………… 189
通貨表示形式 ………………………………… 102	棒グラフ ………………………… 120, 122, 129
データの上書き ……………………………… 43	保存の確認 …………………………………… 26
データの修正 …………………………… 42, 44	
データの種類 ………………………………… 31	**ま行**
データの抽出 ………………………………… 162	
データベース ………………………………… 148	マウスポインター ……………………… 11, 16
テーブル ………………………………… 148, 149	右揃え ………………………………………… 92
テーブル機能 ………………………………… 150	見出しスクロールボタン …………………… 10
テーブルスタイルの変更 …………………… 152	文字の入力 …………………………………… 33
テーブルを範囲に変換 ……………………… 153	元に戻した操作をやり直す ………………… 45
テキストフィルター …………………… 162, 165	元に戻す（縮小）ボタン …………………… 11
閉じるボタン ………………………………… 11	
	や行
な行	
	ユーザーアカウント ………………………… 11
名前ボックス ………………………………… 10	余白 ………………………………………… 191
[名前を付けて保存] ダイアログボックス … 51	
並べ替え ……………………………………… 154	**ら行**
日本語入力モード …………………………… 31	
	リアルタイムプレビュー …………………… 95
は行	リボン …………………………………… 10, 12
	リボンを折りたたむ ………………………… 11
パーセントスタイル …………………… 102, 104	レコード …………………………………… 148
貼り付け ………………………………… 46, 47	列の選択 ………………………………… 18, 19
貼り付けのオプション ……………………… 49	列の挿入と削除 ……………………………… 84
範囲選択 ……………………………………… 16	列幅の調整 …………………………… 79, 80, 81
凡例 ………………………………………… 141	列番号 ………………………………………… 11
引数 …………………………………………… 62	連続データの入力 …………………………… 38
日付の入力 …………………………………… 38	
日付フィルター ………………………… 162, 168	**わ行**
表示形式 ……………………………………… 102	
表示選択ショートカット …………………… 11	ワークシート …………………………… 9, 109
[ファイルを開く] ダイアログボックス …… 6	ワークシートのコピー/移動 ……………… 110
フィールド ………………………………… 148	ワークシートの挿入/削除 ………………… 112
フィールド名 ……………………………… 148	
フィルター ………………………………… 162	
フィルターのクリア ……………………… 170	
フィルハンドル ……………………………… 39	

索引　**207**

■ **本書は著作権法上の保護を受けています。**
本書の一部あるいは全部について（ソフトウェアおよびプログラムを含む）、日経BPから文書による許諾を
得ずに、いかなる方法においても無断で複写、複製することを禁じます。購入者以外の第三者による電子デー
タ化および電子書籍化は、私的使用を含め一切認められておりません。
無断複製、転載は損害賠償、著作権法の罰則の対象になることがあります。

■ 本書についての最新情報、訂正、重要なお知らせについては下記Webページを開き、書名もしくはISBN
で検索してください。

https://bookplus.nikkei.com/catalog/

■ 本書に掲載した内容についてのお問い合わせは、下記Webページのお問い合わせフォームからお送りくだ
さい。電話およびファクシミリによるご質問には一切応じておりません。なお、本書の範囲を超えるご質
問にはお答えできませんので、あらかじめご了承ください。ご質問の内容によっては、回答に日数を要す
る場合があります。

https://nkbp.jp/booksQA

Excel 2024 基礎 セミナーテキスト

2025年 3 月17日　初版第1刷発行

著　　　　者：株式会社日経BP
発　行　者：中川 ヒロミ
発　　　　行：株式会社日経BP
　　　　　　　〒105-8308　東京都港区虎ノ門4-3-12
発　　　　売：株式会社日経BPマーケティング
　　　　　　　〒105-8308　東京都港区虎ノ門4-3-12
装　　　　丁：折原カズヒロ
制　　　　作：クニメディア株式会社
印　　　　刷：大日本印刷株式会社

・本書に記載している会社名および製品名は、各社の商標または登録商標です。なお、本文中に™、®マーク
は明記しておりません。
・本書の例題または画面で使用している会社名、氏名、他のデータは、一部を除いてすべて架空のものです。

©2025 Nikkei Business Publications, Inc.

ISBN978-4-296-05067-3　Printed in Japan